中国近代新闻学名著系列丛书

芮必峰◎主编

新闻事业经营法

— 吴定九◎著 —

中国传媒大学出版社
·北京·

编 委 会

主　编　芮必峰

副主编　姜　红　刘　勇

编　委　贾　南　周　彤　张冰清　侯普曼

出版说明

本丛书整理再版了近代在中国用中文出版的经典新闻学著作，所涉及的图书既有专著、教材，也有译著，全面涵盖了新闻学理论、新闻业务、新闻史等领域，成书年份前后跨越40年。在这40年间，中国的新闻学科从无到有、从借鉴到创新，成就巨大。对这些著作的再次出版，为研究中国近代新闻学提供了珍贵的史料，绘制了中国近代新闻学的全景，度量了中国近代新闻学的厚度，填补了该领域空白，也为纪念中国新闻学诞生100周年献上了一份厚礼。

我们请中国人民大学新闻学院教授、博士生导师，广西大学新闻传播学院院长，教育部社会科学委员会委员兼新闻传播学科召集人郑保卫，及中国传媒大学传播研究院院长、教授、博士生导师，中央实施马克思主义理论研究和建设工程新闻学首席专家雷跃捷对本丛书的内容进行了审定，并根据专家的意见进行了修改。在此对两位专家所付出的辛勤劳动表示衷心感谢。

由于历史原因，本丛书中的个别图书存在一些问题，为保存历史原貌，为研究者提供一手的参考资料，影印时均基本保持其原貌，未作大的删改，希望读者结合当时的历史条件和历史环境，对其中的观点进行批判性借鉴。原书中存在一些错别字、漏字和排版错误，我们在影印时均未做改动，敬请读者注意。

由于原书出版年代久远，本丛书中的许多书籍难觅其踪，存世数量稀少，版权状况极其复杂。为了保证本丛书的学术性和完整性，我们将具有价值的图书先行选入其中，进行了抢救性发掘，力图保存中国新闻史珍贵的历史资料。版权所有人若有异议，请及时与我们联系。

为更好地体现中国近代新闻学的发展脉络，本丛书特别收录了欧美学者休曼的《实用新闻学》、斯蒂德的《新闻学的理论与实际》；日本学者松本君平的《新闻学》、后藤武男的《新闻纸研究》、杉村广太郎的《新闻概论》。当年这些书的出版对中国近代新闻学具有一定的借鉴意义。

本丛书为影印制作，成书清晰度由原书决定，由于出版年代久远，受当时生产力水平及制作方法限制，难免会存在一些缺陷，敬请读者谅解。

中国传媒大学出版社

总　序

如果从1903年商务印书馆编译出版日本人松本君平的《新闻学》算起，中国的新闻学已有115年历史①。如果从1918年北大新闻研究会建立，徐宝璜开办新闻学讲座算起，中国新闻学教育和研究迄今正好100年历史。我们搜集整理了清末至民国期间一些有代表性的新闻学书籍，希望借此重现早期中国近代新闻学的本来面貌，反映我国新闻学发展的历史脉络，我们认为，这对中国新闻学术、教育史研究以及中国近现代思想史研究都是很有意义的。

从1903年到1949年9月的40多年间，我国公开出版和内部印行的新闻学书籍，包括专著、教材、论文集、资料汇编、参考工具书等，约468种之多。②它们集中反映了我国新闻学的历史发展轨迹。然而，由于多种原因，这些书籍除了几本曾被重印出版外，大多已经是“只闻其名、难觅其踪”，这对我国新闻学研究不能不说是一个遗憾。

本丛书在梳理1903—1949年间出版的有代表性的新闻学书籍的基础上，精选了50部著作，校订注释，编纂再版，也算对这一遗憾的弥补。

从我们挑选的这50部新闻学书籍来看，中国早期新闻学的发展有三个鲜明的特点：

一、中国早期新闻学的发展与中国社会发展，尤其与国家民族利益息息相关

40多年间，中国新闻学从近乎空白到勃然而兴，这与中国社会的动荡、变

---

① 黄天鹏回顾新闻运动时说：“有清光绪二十八年，商务印书馆刊行《新闻学》一书，为我国人知有新闻学之始，原书为日人松本君平所著……”资料来源：黄天鹏．新闻运动之回顾［A］．黄天鹏．新闻学名论集［C］．上海：上海联合书店，1929．

② 林德海，等．中国新闻学书目大全1903—1987［M］．北京：新华出版社，1989．

革休戚相关。西方新闻学是现代化的产物，最早形成于19世纪末20世纪初。1901年，“新闻学”一词首见于中文报章[1]，但直到民国前夕，国人对于“新闻有学乎”尚存疑，认为报社就是新闻人才的“养成所”。至1912年上海报业俱进会以“吾国报业之不发达……其最大原因，则为无专门之人才”[2]为由，号召组织报业学堂，培养报业专门人才。不难看出，此时新闻界亦将新闻学视为办报之“技”。至1918年邵飘萍为徐宝璜《新闻学》作序仍“窃叹我国新闻界人才之寥落，良由无人以新闻为一学科而研究之者”[3]。黄天鹏把1903年至1918年新闻学研究会建立之前的十余年视为中国新闻学的启蒙期。[4]

1918年，随着以启蒙为目标的新文化运动愈演愈烈，新思潮涌入国门，“新学”“西学”站在旧传统的对立面被学界关注，新闻学思想也不例外。作为公学之首和新文化运动中心的北京大学率先开办新闻学研究会，力证了“新闻学”存在的正当性；徐宝璜《新闻学》一书问世，成为中国新闻学理论的奠基之作。新闻学教育兴起，新闻学研究著作渐盛，待到北伐前夕，中国新闻学从学理上和实践上俱已建立起来。

新文化运动后期，马克思主义传入中国，资本主义文明逐渐“祛魅”。之后的大萧条使得西方国家的痼疾暴露无遗，曾经“理想之彼方”的西方报业也难以幸免。在这一时代背景下，如何建立“吾国之报业”成为新闻学研究的热点，围绕这一热点，一方面，关于中外新闻理论、新闻事业、新闻业务的著作日益涌现；另一方面，军阀对于激进言论的暴力摧残，又引发了新闻人对于言论自由的论争。20世纪20年代的中国新闻学呈现百家争鸣之势。

“在这言论自由纷争之际，也有若干论调，认为新闻纸不过是一种政治宣传的工具，在新闻学方面也唱过所谓社会主义的新闻理论，不过这种论调没有完成，当头的国难已把这种理论粉碎。”[5]“九一八”事变后，面对空前的民族危机，“国家至上、民族至上”成为国论，报业成为勾连与动员社会的渠道和网络，

---

① 梁启超．本馆第一百册祝辞并论报馆之责任及本馆之经历［J］．清议报，1901（100）：1–8．

② 戈公振．中国报学史［M］．上海：上海书店，1989：278．

③ 徐宝璜．新闻学［M］．长春：时代文艺出版社，2009：7．

④ 黄天鹏．四十年来中国新闻学之演进［M］//龙伟，任羽中，王晓安，何林，吴浩．民国新闻教育史料选辑．北京：北京大学出版社，2010：149．（以下征引本书时，一律简注为《民国新闻教育史料选辑》。）黄天鹏在此文中提出他对于1903年到战事结束的40余年间中国新闻学发展阶段的划分，原载《中国新闻学会年刊》第1期，1942年9月。

⑤ 黄天鹏．四十年来中国新闻学之演进［M］//民国新闻教育史料选辑．北京：北京大学出版社，2010：161．

致力于推动“舆论统一”。直到全面抗战中期之前，以战争宣传动员为主要研究目标的“战时新闻学”都是新闻学研究的热点。

1943—1949年中华人民共和国成立前夕，随着战争形势的转变，抗日战争已现胜利的曙光，中国新闻学人开始构想新闻业的未来。萨空了①于1943年开始着手书写《科学的新闻学概论》，旨在提醒新闻人应“鉴于美英的前车”②，避免报纸“为大财阀资本家所独占”③，“积极地设法使报纸成为大多数民众自己的相互报道消息、提供意见的工具”④。

二、中国新闻学是“西学东渐”的产物，中国早期新闻学人大多具备西学背景

“西学东渐”的内在精神是中体西用。在“用”的招牌下，西学大量涌入。中国新闻学直接引自日本和美国。首先，中国最早的新闻学译著分别为1903年商务印书馆编辑出版的松本君平的《新闻学》和1913年美国记者休曼著、史青编译的《实用新闻学》。前者成为中国新闻学的开端，而后者作为美国第一本新闻教育著作，“提供采访编辑各种实际问题的解决方案”⑤，也奠定了中国新闻人对于新闻教育之作用的基本构想。

早期中国新闻学人大多具备留美留日的求学背景。徐宝璜曾于美国密歇根大学修习经济学与新闻学，其《新闻学》（1919）的参考文献包括在美国出版的图书23种、在英国出版的图书7种，印证了时任北大校长蔡元培所言，“新闻学之取资，以美为最便矣”⑥。任白涛求学日本早稻田大学政治经济学系时，加入了《朝日新闻》名记者杉村楚人冠等筹建的“大日本新闻学会”⑦，《应用新闻学》

① 萨空了（1907—1988）四川成都人，蒙古族，笔名了了、艾秋飚，记者、主编、新闻学家。1927年任《北京晚报》《世界日报》编辑记者、《世界画报》总编辑。曾任教民国学院新闻系、北京新闻专科学校。1935年任上海《立报》副刊主编、总编辑兼经理。中华人民共和国成立后任中央人民政府新闻总署副署长兼新闻摄影局局长、出版总署副署长、全国政协副秘书长兼《人民政协报》总编辑等职。负责主编《中国大百科全书·新闻出版》卷，著有《科学的新闻学概论》《科学的艺术概论》《宣传心理研究》等。

② 萨空了. 科学的新闻学概论［M］. 香港：文化供应社，1946：36.

③ 萨空了. 科学的新闻学概论［M］. 香港：文化供应社，1946：36.

④ 萨空了. 科学的新闻学概论［M］. 香港：文化供应社，1946：36.

⑤ 黄天鹏. 四十年来中国新闻学之演进［M］//龙伟，任羽中，王晓安，何林，吴浩. 民国新闻教育史料选辑，北京：北京大学出版社，2010：157.

⑥ 邓绍根. 中国新闻学的筚路蓝缕：北京大学新闻学研究会［M］. 北京：清华大学出版社，2015：228.

⑦ 1915年《朝日新闻》的杉村楚人冠等在庆应义塾大学创办“新闻研究会”并讲授课程，后根据该讲义出版了《最近新闻纸学》（1918）。其时，杉村楚人冠还兼任“大日本新闻学会”的筹建者与学会新闻讲座讲师。

（1922）正是仿照杉村楚人冠《最近新闻纸学》一书体例所做。[①]邵飘萍的《实际应用新闻学》（1923）亦参考了《最近新闻纸学》。[②]杉村楚人冠深受美、德新闻思想熏陶，美、日、德的新闻思想因故才传到中国。

事实上，正是留美、留日学生群体的新闻学著述构建起了中国早期新闻学的基本框架。仅本丛书所涉国内著（编）者30人中，剔除资料不详者3人，有留学经历者共计15人。其中留美5人：徐宝璜、伍超、赵敏恒[③]、戈公振[④]、曹用先[⑤]；留日8人：吴定九[⑥]、邵飘萍、黄天鹏、任白涛、张友渔[⑦]、谢六逸、袁殊[⑧]、王文萱[⑨]；

---

① 周光明. 近代新闻史论稿［M］. 北京：社会科学文献出版社，2014：276.

② 方晓红. 中国新闻简史［M］. 南京：南京师范大学出版社，1996：122.

③ 赵敏恒（1904—1961），记者、新闻学教授。早年就读于清华大学，1923年起先后于美国科罗拉多大学文学院、密苏里大学新闻学院、哥伦比亚大学新闻学院攻读英国文学和新闻学，并获新闻学硕士学位。1925年起在纽约环球通讯社当编辑。1927年回国，在国民政府外交部情报处短暂工作后加入路透社。1945年10月任《新闻报》总编，兼任复旦大学新闻学教授。

④ 留学两个及两个以上国家的，按其留学的第一个国家计。

⑤ 曹用先，女，宁波人，天津南开大学社会科毕业。1926年与未婚夫查良鉴自南开大学毕业后，同赴密歇根大学留学，1930年在该校安娜堡完婚。硕士毕业后回国，曾就职于上海商务印书馆编辑所并任教于大夏大学，1949年与查赴台，1951年4月病逝于台湾。

⑥ 吴定九（1890—1930），名鼎，字定九，嘉定人。著名报人，《京报》元勋之一，著有《新闻事业经营法》。公派赴日本名古屋学习土木工程时，与在东京政法学校读书的邵飘萍成为密友。1923年9月，私立北京平民大学设立报学系，时任京报社经理的吴定九担任教授并讲授专业课程“新闻经营法”。

⑦ 张友渔（1898—1992），原名张象鼎，字友彝，又名张忧虞，山西灵石人。法学家、政治学家、新闻学家。先后求学于山西第一师范学校，国立北平法政大学法律系。1927年任《国民晚报》社长兼总编辑。同年加入中国共产党，任中共北平市委委员兼秘书长。1930年赴日留学。“九一八”事变后回国任《世界日报》主笔及燕京大学、中国大学、民国大学、中法大学、北平大学法商学院教授，讲授宪法学、劳动法学、新闻学和日本问题。1943年起在重庆任中共南方局文委秘书长、《新华日报》社论委员会委员、中共重庆工作委员会候补委员兼政策研究室副主任、《新华日报》代总编辑等职。

⑧ 袁殊（1911—1987），中共谍报人员、记者、新闻学者。早年赴日攻读新闻学、东洋史。曾创办上海自修大学并设新闻专科。1931年3月创办的《文艺新闻》，最早揭露了左联五烈士被害的消息。1932年任新声通讯社记者，经潘汉年引介加入共产党。1942年卧底敌伪报纸《新中国报》，1945年10月转移到苏北解放区；1949年调入中央情报部门。著《记者道》《学校新闻讲话》《新闻大王赫斯特》等书；译《新闻法制论》等。

⑨ 王文萱，曾留学日本，1930年5月翻译杉村广太郎的《新闻概论》。1942年国立社会教育学院新闻系成立，王文萱在该系教授新闻业务课程。1947年年初，李宗仁授意萧一山在北平创办《经世日报》作为喉舌，任命王文萱、蓝文澄两位教授为主笔。

旅欧2人为胡愈之和储玉坤[1]（详情见表）。这些涉足新闻学研究的归国留学生兼容并蓄，汲取美、日、德等国新闻理论和马克思主义新闻思想的精华，进行本土化改良，亦从侧面反映出中国新闻学的理论来源。

三、中国早期新闻学人往往兼新闻实践、新闻教育、新闻研究于一身

1918年，北京大学新闻学研究会成立，徐宝璜负责讲授新闻学知识。他结合自身从业经验，参考欧美新闻学书目，形成课程讲义；再结合讲课心得，不断完善新闻学理论。1919年，国人自撰的第一本新闻学专著《新闻学》最终成书。徐在自序中细陈写书修书之过程："新闻学乃近世青年学问之一种，尚在发育时期。余对于斯学，虽曾稍事涉猎，然并无系统之研究。客岁蔡校长设立新闻学研究会，命余主任其事，并兼任导师。余乃于暑假中，正式加以研究，就所得著《新闻学大意》一篇，以为开会后讲演之用。……开会后，余继续研究，加以会员之质疑问难，时有心得，遂将原稿加以修改，成第二次之稿……"[2]显然，"曾稍事涉猎"指其曾经担任《晨报》主笔的工作经历。早期中国新闻学人兼具从业经验和新闻学教学经验者多会总结实践经验、丰富新闻理论、著书立说、传道授业，这种情况并不鲜见。

从早期新闻学著作的作者（编者）身份来看：本丛书涉及国内著（编）者30人，除李公凡、刘元钊和鲁风三人身份不详，仅蒋国珍[3]、项士元[4]二人没有明确的新闻从业经验。而在这25人中，更有20人兼具从业经历与从教经历。新闻学人大多具有新闻从业经历，学术研究、传承活动与新闻实践密不可分（详

① 储玉坤，1912年生，江苏宜兴人，笔名雨君、储华。1937年中央政治学校大学部新闻学及国际政治专业毕业。1938年1月任《文汇报》编辑兼社论撰述者；1938年5月担任《文汇报》法国哈瓦斯分社编辑；抗战胜利后，任《文汇报》总主笔。1946年5月转任《申报》主笔和法国新闻社远东分社中文部主任，兼任中国新闻专科学校教务长和沪江大学新闻系教授。著有《现代新闻学概论》《第二次世界大战史》《美国经济》。

② 邓绍根，中国新闻学的筚路蓝缕［M］. 北京：清华大学出版社，2015：244.

③ 蒋国珍出生于1896年，江苏溧阳人，做过学生运动领袖、国民党党员、教育工作者、政府职员、银行经理。曾加入上海学生运动，代表上海全国各界联合会、全国学生联合会、上海各界联合会、学生联合会四团体发声。虞文俊认为其传世的《中国新闻发达史》翻译自日本人伊藤武雄的《中国新闻发达史》，即蒋国珍应为此书的译者而非著者。

④ 项士元（1887—1959），佛教居士、学者。原名元勋，号慈圆，又号石楼。浙江临海人，通日、英、德、梵、俄文，一生佛学著作等身。25岁毕业于杭州府中学堂，后办私立小学和赤城初级师范，兼任各校教师；捐资并赠书创办了临海图书馆。项士元长期辗转江浙等地从事教育、新闻和史志方面的研究工作。中华人民共和国成立后主持台州文管会，任浙江省文史馆馆员。所著《浙江新闻史》是中国最早的新闻史之一。

见表1[①])。

从新闻学著作本身来看，许多民国新闻学书籍正是新闻实践和新闻教育的直接产物：国人自撰的第一部新闻采访学专著——《实际应用新闻学》根据邵飘萍在北京大学新闻学研究会和平民大学新闻系的讲稿所著，《新闻学总论》一书则根据邵氏国立政法大学的新闻学讲义整理而成；周孝庵[②]根据自己在复旦大学的新闻学讲义编著了《最新实验新闻学》；郭步陶[③]的《本国新闻事业》是上海市私立申报新闻函授学校讲义之十一；而《新闻学的基础知识》本就是中美日报读讯会[④]为新闻学自修者所出版的教材《实用新闻学讲义》之一；储玉坤的《现代新闻学概论》则是专门为大学新闻理论教科书而编写的（详见表2）。

正是由于早期新闻学人兼新闻实践、新闻教育、新闻研究于一身，才能为理论教学与著述提供最鲜活的案例，促使新闻实践经验迅速融入新闻学理论研究。这是近代中国新闻学迅速发展的重要因素，对于当今的新闻学研究、新闻学教育工作也有重要启示。

本丛书编委会邀请相关领域资深专家进行研讨，认真甄选了书目，仔细进行了版本比较和甄别，从而保证了本丛书较高的学术权威性。

由于历史的局限，民国新闻学书籍的不足是明显的，如学术理论不成熟、部分话语和话题打上了深深的时代烙印等；又因书中涉及的新闻稿件写作于特定历史环境和历史年代，其表达方式不严谨亦不可避免。盖所选书目皆是历史文献，我们在审校中尽量保持其历史原貌，不做大的删改；对极个别对马克思

---

① 李秀云. 留学生与中国新闻学［M］. 天津：南开大学出版社，2009：239-251. 本书中李秀云整理了民国期间从事新闻学研究的留学生44人，并分析其留学国别构成、专业构成、新闻实践经历、从教经历等。

② 周孝庵（1900—1973），佛教学者、律师、报人。松江府人。毕业于江苏省立第一商业学校。历任上海时事新报馆记者、编辑、主编，著《最新实验新闻学》。1928年秋被复旦大学聘为新闻学教授。曾于上海法政大学获法学学士学位，1930年兼律师。1932年主编上海《新闻报》“法律质疑”栏目、编著了《法律质疑汇编》。上海沦陷后，曾氏关闭了律师事务所，潜心佛学研究。

③ 郭步陶（1879—1962），原名成爽，后改名惜，字步陶。四川隆昌人。名记者、新闻研究者。1911—1917年任《申报》编辑，1917年任《新闻报》编辑主任、主笔。1930年任教于复旦大学新闻系。上海沦陷后赴香港，任职于《申报》（香港）、《星岛日报》；1939年创建中国新闻学院（香港）并任院长。抗战胜利后回沪任教于复旦大学、新中国学院。

④ 《中美日报》是“孤岛”时期的国民党报纸，为躲避日伪新闻检查，在美商罗斯福出版公司招牌下运作，副刊有《集纳》《堡垒》等。1938年11月创刊，1941年12月停刊，1945年8月复刊，次年4月终刊。总编先后为杨勋民、查修、詹文浒，总主笔周宪文，执笔者有储玉坤、章丹枫等。胡道静曾任英文编辑。报社读讯会为自修新闻学的读者出版了《实用新闻学讲义》，共计10种，对编辑术、采访术、评论作法、新闻写作、新闻学史、剪报工作等都有专篇论述。

主义、共产党等的不适当叙述已进行了删除处理。

本丛书规模较大，从策划项目、搜集资料、校订编纂到审稿成书，历时两年有余。这50本书可能并非本本经典，其中有些内容亦有重复、雷同之处，但瑕不掩瑜，它们对于研究中国新闻学功不可没，作为新闻史资料极具研究价值。感谢中国传媒大学出版社和安徽大学新闻传播学院诸位老师的辛勤付出，也希望读者在本丛书中能读出更丰富的内容，获得启发并更深入地思考。

丛书主编　芮必峰

2018年5月7日

附表：

表1　著者受教育、从业、从教及著述情况列表

序号	姓名	是否留学及留学国家	从业经历	从教经历	著作
1	徐宝璜	美国密歇根大学，经济学、新闻学	北京《晨报》主笔	北京大学新闻学研究会、北京平民大学新闻系	《新闻学》《新闻事业》
2	戈公振	1927年赴美国、日本考察新闻事业	首创《图画时报》、“上海新闻记者联合会”会长、《申报》总管理处设计处主任兼《申报星期画刊》主编	上海南方大学新闻系、上海国民大学新闻系、复旦大学新闻系、上海沪江大学商学院、上海民治新闻学院	《新闻学撮要》《中国报学史》《新闻学》
3	邵飘萍	东京政法学校	《汉民日报》主编、《时事新报》《申报》《时报》主笔、创办“北京新闻编译社”、《京报》社长	北京大学新闻学研究会、北京平民大学新闻系、国立法政大学	《实际应用新闻学》《新闻学总论》
4	吴定九	日本名古屋工业专门学校土木工程	主持《京报》	北京平民大学新闻系、国立法政大学	《新闻事业经营法》
5	谢六逸	日本早稻田大学东洋文学史	《立报》文艺副刊《言林》主编、《国民周刊》《趣味》周刊主编	复旦大学新闻系、申报新闻函授学校、国立社会教育学院新闻系、暨南大学新闻系、大夏大学新闻系	《实用新闻学》《国外新闻事业》《新闻储藏研究》
6	黄天鹏	日本早稻田大学新闻系硕士	在北平创刊《新闻学刊》并担任主编	复旦大学新闻系、上海沪江大学商学院新闻学科	《新闻文学概论》《中国新闻事业》《新闻学入门》《新闻学概要》
7	赵敏恒	美国科罗拉多大学文学院、密苏里大学新闻学院、哥伦比亚大学新闻学院攻读英国文学和新闻学，并获新闻学硕士学位	纽约环球通讯社编辑，后加入路透社。“九一八”事变后为美国国际新闻社、伦敦《每日电讯报》《朝日新闻》等供稿。1945年10月任《新闻报》总编辑	复旦大学新闻系、中央政治学校新闻系、暨南大学新闻系	《外人在华的新闻事业》

续表

序号	姓名	是否留学及留学国家	从业经历	从教经历	著作
8	周孝庵	无	历任上海时事新报馆记者、编辑、主编；主编《上海新闻报》“法律质疑”栏目	复旦大学新闻系、新闻大学函授科	《最新实验新闻学》
9	张友渔	1930年、1932年、1935年多次赴日学习新闻学、考察日本新闻事业	《世界日报》编辑、《大同晚报》总编辑、《国民晚报》社长、《泰晤士报》总编辑、《新华日报》社论委员	燕京大学新闻系、北平民国学院新闻系	《新闻之理论与现象》《日本新闻发达史》
10	袁殊	日本新闻专科学校、早稻田大学历史系	创办《文艺新闻》《译报》、新声通讯社记者	上海自修大学新闻专科	《记者道》《学校新闻讲话》《新闻大王赫斯特》《新闻法制论》(译)
11	胡愈之	1928年法国巴黎大学攻读国际法	《东方杂志》编辑、创办《公理日报》、哈瓦斯通讯社远东分社中文部编辑主任、主编新加坡《南洋商报》		《胡愈之出版文集》
12	储玉坤	留法	《新闻报》编辑、《文汇报》编辑、法国哈瓦斯通讯社中国分社编辑、《文汇报》总主笔、《申报》主笔、法国新闻社远东分社中文部主任	中国新闻专科学校、沪江大学新闻系、之江大学新闻系、致用大学新闻学系	《现代新闻学概论》
13	任白涛	日本早稻田大学政治经济学	创办中国新闻学社、《新湖北日报》总编辑		《应用新闻学》《综合新闻学》
14	曹用先	美国密歇根大学①	上海商务印书馆编辑所②	大夏大学③	《新闻学》

① 毛彦文. 往事［M］. 北京：商务印书馆，2012：28.

② 雪林. 一段值得介绍的婚姻（红藏·生活·第四卷第三十八期）［M］. 湘潭：湘潭大学出版社，2014：435-437.

③ 毛彦文. 往事［M］. 北京：商务印书馆，2012：28.

续表

序号	姓名	是否留学及留学国家	从业经历	从教经历	著作
15	王文萱	留日①	《经世日报》②	国立社会教育学院新闻系③	《新闻概论》（译）
16	伍超	留美“攻读新闻科”④			《新闻学大纲》
17	郭步陶	无	《申报》编辑、《新闻报》编辑主任兼主笔、《申报》（香港）、《星岛日报》编辑	复旦大学新闻系、《申报》新闻函授学校、中国新闻学院（香港）、新中国学院	《本国新闻事业》
18	任毕明⑤	无	《民国日报》《时报》《快报》主笔、《大众日报》总编辑	香港中华新闻学院	《战时新闻学》《评论学十讲》
19	赵君豪⑥	无	《申报》副总编辑	上海商学院新闻专修科、复旦大学新闻系、上海法政学院新闻专修科	《中国近代之报业》《上海报人的奋斗》

① 杉村广太郎. 新闻概论·黄序［M］. 王文萱，译. 上海：联合书店，1930.

② 冯国定. 忆萧一山先生［M］//中国人民政治协商会议北京市委员会文史资料研究委员会文史资料选编（第43辑），北京：北京出版社，1992：104.

③ 苏州大学社会教育学院. 峥嵘岁月（第三集）［M］. 北京、上海、南京、苏州校会. 1991：229.

④ 伍超. 新闻学大纲·自序［M］. 上海：商务印书馆，1925.

⑤ 任毕明，原名任大任，生于1904年，广东鹤山人。1925年在广西梧州创办《民国日报》，曾任《时报》《快报》主笔，主持过香港的《大众日报》。参与创办香港中华新闻学院，并任教。著作有《龙虎集》《风云集》《社会大学》《新社会大学》《战时新闻学》和《评论学十讲》等。

⑥ 赵君豪（1900—？）江苏兴化人。报人。“五四时期”求学于上海交通大学，经常给著名的《民国日报》副刊《觉悟》投稿，并与时任《觉悟》编辑的邵力子讨论种种社会改造问题。毕业后进入《申报》馆工作，抗战后任《申报》副总编辑。1929、1942年两度兼任复旦大学新闻系编辑教授；1930年兼任上海法政学院新闻专修科教授，讲授采访学；曾任《申报》新闻函授学校教授。1944年10月在重庆出版《上海报人的奋斗》。

续表

序号	姓名	是否留学及留学国家	从业经历	从教经历	著作
20	杜绍文①	无	杭州《民国日报》国际版编辑、《东南日报》《前线日报》主笔兼《新闻战线》周刊主编、《东南日报》总编辑、《文汇报》办公室主任	复旦大学新闻系	《新闻政策》《中国报人之路》《战时报学讲话》《国际新闻纵横谈》
21	胡道静②	无	《万有文库》编辑、上海通志馆编修、《通报》《中美日报》《大晚报》等报记者、编辑、撰稿人	上海法政学院新闻专修科	《上海新闻事业之史的发展》
22	张静庐	无	创办上海杂志公司并出任总经理		《中国的新闻记者与新闻纸》《中国近代出版史料》《中国现代出版史料》《中国出版史料》《在出版界二十年》
23	萨空了	无	《北京晚报》编辑记者、《世界日报》画刊编辑、《世界画报》总编辑、天津《大公报》艺术半月刊主编	民国学院新闻系、北京新闻专科学校	《科学的新闻学概论》

① 杜绍文（1909—？），又名杜超彬，广东澄海人。1927年入复旦大学中文学新闻组学习，1931年留校助教。后任杭州《民国日报》国际版编辑、资料室主任、浙江《东南日报》主笔。抗战期间主编浙江战时新闻学会会刊《战时记者》月刊,《国民日报》总编辑、社长；抗战胜利后任上海《前线日报》主笔兼《新闻战线》周刊主编。1946年至1951年间任复旦大学新闻系教授，1952年任上海《文汇报》记者、编委办公室主任。著有《新闻政策》《中国报人之路》《战时报学讲话》《国际新闻纵横谈》。

② 胡道静（1913—2003），安徽泾县人。1931年毕业于上海持志大学国语系。曾参加《万有文库》编辑和上海通志馆编修工作。"孤岛"时期坚守上海新闻界抗日宣传工作，任《通报》《中美日报》《大晚报》《密勒氏评论报》记者、编辑、撰稿人，同时在上海法政学院新闻专修科讲授新闻史课程，为共产党的抗日宣传培养新闻干部。1949年后历任中华书局上海编辑所编辑、上海人民出版社编审等。

续表

序号	姓名	是否留学及留学国家	从业经历	从教经历	著作
24	管照微[①]		复旦大学校刊编辑、1931 年兼任上海新闻社记者	兰州大学经济系	编《新闻学论集》
25	项士元				
26	蒋国珍	疑为《中国新闻发达史》的译者而非著者[②]			
28	李公凡	不详			
27	鲁风	不详			
28	刘元钊	不详			

① 管照微，高中就读于上海立达学园，曾与王济深、刘仲达、唐旭之等先后组织了“时潮社”和“立达剧团”。后进入复旦大学新闻系学习，与伍梦窗、林楚君、向浦、徐之津等加入了复旦大学“左联”，并负责复旦大学的校刊编辑工作。1933年12月21日因宣传左翼思想被捕，后任教于兰州大学经济系。

② 虞文俊是东亚中国新闻史研究第一人。《中国新闻发达史》译者蒋国珍初考［J］. 新闻界，2015（15）.

表2　书目

序号	年份	书名	作者	备注
1	1903	新闻学	〔日〕松本君平 著	
2	1913	实用新闻学	〔美〕休曼著 史青译	
3	1919.12	新闻学	徐宝璜[①] 著	北京大学 新闻研究会讲稿
4	1922.11	应用新闻学	任白涛[②] 著	
5	1923.8	实际应用新闻学	邵振青 著	北京平民大学、 国立法政大学讲义
6	1924.4	新闻事业	徐宝璜 胡愈之 著	
7	1924.6	新闻学总论	邵飘萍 著	
8	1925.1	新闻学大纲	伍超 著	
9	1925.2	新闻学撮要	戈公振[③] 编	
10	1927.9	中国新闻发达史	蒋国珍 著	
11	1927.11	中国报学史	戈公振 著	
12	1928.9	中国的新闻纸	张静庐 著	
13	1928.11	最新实验新闻学（上）	周孝庵 著	复旦大学新闻系
14	1928.11	最新实验新闻学（下）	周孝庵 著	复旦大学新闻系
15	1930.4	新闻事业经营法	吴定九 著	
16	1930.5	新闻概论	〔日〕杉村广太郎 著 王文萱 译	

① 徐宝璜，中国新闻学者、新闻教育家。1912年毕业于北京大学，后公费留美，于密歇根大学攻读经济学、新闻学。徐宝璜在美国密苏里大学受过系统的新闻学教育。

② 任白涛，笔名冷公、一碧，河南南阳人。1911年辛亥革命后，先后担任上海《民立报》《神州日报》《新闻报》驻河南特约通讯员，参加当地反袁活动。1916年留学日本，在早稻田大学攻读政治经济学，并加入了大日本新闻学会。

③ 戈公振所著的《中国报学史》最早由上海商务印书馆出版，是研究新闻学和我国新闻事业发展史的开山之作，国内外新闻界将之誉为中国首部新闻史学权威著作。任教上海国民大学期间，戈公振开始着手《中国报学史》一书的写作。在从事新闻工作之余，戈公振致力于新闻教育事业和新闻学研究工作，曾在上海国民大学、南方大学、大夏大学、复旦大学等校新闻系和杭州暑假报学讲习所讲授新闻学方面的课程，在新闻学研究上留下了许多著述。

续表

序号	年份	书名	作者	备注
17	1930.8	中国新闻事业（上）	黄天鹏[①] 著	
18	1930.8	中国新闻事业（下）	黄天鹏 著	
19	1930.8	新闻纸研究	〔日〕后藤武男 著 俞康德 译述	
20	1930.9	浙江新闻史（上）	项士元 编	
21	1930.9	浙江新闻史（下）	项士元 编	
22	1932.7	学校新闻讲话	袁殊 著	
23	1932.8	外人在华的新闻事业	赵敏恒 著	
24	1933.4	新闻学入门	黄天鹏 著	
25	1933.10	新闻学论集	管照微 编	复旦新闻学会丛书
26	1935	实用新闻学（上）	谢六逸[②] 编	申报新闻函授学校讲义之三
27	1935	实用新闻学（下）	谢六逸 编	申报新闻函授学校讲义之三
28	1934.1	新闻学	曹用先	
29	1934.2	新闻学概要	黄天鹏 编	复旦大学讲义、上海沪江大学新闻学专修科
30	1935	上海新闻事业之史的发展	胡道静 著	
31	1936.5	新闻学讲话	刘元钊 编著	

① 黄天鹏，字天鹏，别号天庐。1927年1月，他创办了我国首个新闻学刊（1929年扩改为《报学月刊》）并任主编；他是我国新闻学术史上最早研究新闻学之产生及发展史的学者，是我国具有新闻学术史观的第一人。他于1923年就读于北京平民大学报学系，1929年留学日本,修业新研究所,旋入早稻田大学新闻系。归国后出版了《新闻文学概论》《中国新闻事业》《新闻学入门》《新闻学概要》等十余本新闻学专著。

② 谢六逸，中国现代新闻教育事业的奠基者之一。著名的作家、翻译家、教授。1917年以公费生身份赴日就读于早稻田大学。1922年毕业归国，入商务印书馆工作。后历任神州女校教务主任及暨南大学、复旦大学、大夏大学教授。1930年任复旦大学中文系主任，并创设了后来闻名海内外的复旦大学新闻系，任主任。

续表

序号	年份	书名	作者	备注
32	1936	本国新闻事业	郭步陶 编著	申报新闻函授学校讲义十一
33	1936.6	新闻之理论与现象	张友渔 著	
34	1936.11	记者道	袁殊 著	
35	1937.7	现代新闻学概论	储玉坤 著	国民党政府唯一指定大学新闻理论教科书
36	1938.7	战时新闻学	任毕明 著	
37	1938.9	中国近代之报业（上）	赵君豪 著	
38	1938.9	中国近代之报业（下）	赵君豪 著	
39	1938.10	基础新闻学	李公凡 著	
40	1939.7	中国报人之路	杜绍文 著	
41	1940.4	新闻学	戈公振 著	1932 年完稿，另有 1947 年版
42	1941	新闻学的基础知识（上）	中美日报读讯会 编	中美日报读讯会实用新闻学讲义
43	1941	新闻学的基础知识（下）	中美日报读讯会 编	中美日报读讯会实用新闻学讲义
44	1941.7	综合新闻学 1	任白涛 著	
45	1941.7	综合新闻学 2	任白涛 著	
46	1941.7	综合新闻学 3	任白涛 著	
47	1944.9	新闻学	鲁风 著	新中国自修学院约稿
48	1946.6	科学的新闻学概论	萨空了 著	另有 1945.3 出版的署名艾秋飚的版本
49	1946.11	新闻史上的新时代	胡道静 著	
50	1947.12	新闻学的理论与实际	〔英〕斯蒂德 著 王季深 吴饮冰 译	上海文化函授学校读本

目次

第一編　總論

第一節　新聞事業之商業化

新聞事業處於今日之地位，可謂日漸趨近於發達絕頂之境域矣。以組織之人員而言，則內之如編輯，營業，及印刷工場三部，多者數百人，少亦數十人。外之如國內外通都大邑之特派員，普通之通信員，多者數十人，少亦數人。以發行額數而言，則每日多者數百萬份，少亦數萬數千份。以每年之營業收入而言，多者數千萬元，少亦數十萬元。以編輯人員之薪金而言，多者有每年數萬元者，少者亦平均每年三四千元。以資本而言，多者數百萬元，少亦數萬元。此種現象，此種趨勢，蓋爲二十世紀未有之大觀，而以新聞事業爲特種之商業矣。則其經營之法，自有可以研究之價值也。

世人對於新聞紙之價値與新聞社之組織，每抱一種懷疑。以爲新聞紙每份售價少則一分多則僅三分。而其組織亦無如銀行公司之複雜。則新聞事業實非至難之事。殊不知一紙新聞紙之出版，須需數百數十人之腦力與精力方能成之。舉凡世界上之重要問題，一市鄉之瑣碎消息，於極短時間之內，由編輯而印刷而發行送達於讀者之門，苟非有機敏之處理，及精密之組織，斷難處理裕如也。

第二節　新聞社之組織

新聞社之組織，大別之可分爲三大部分。(一)編輯部，(二)營業部，(三)

印刷部。編輯部猶之軍隊之戰鬬部隊，衝鋒接戰之任務屬也。營業部猶之軍隊之粮臺與輜重，爲報社之營養機關也。印刷工場乃猶軍隊中之工程隊也。夫軍隊之能操必勝之權者，固恃戰鬬部隊之奮勇。然苟子彈與糧餉之供給不足，則接濟斷而戰機轉矣，則輜重與糧臺之活動尙也。然苟無工兵之活躍，爲之築壕架橋等種種工作，則戰鬥隊之進退難以裕如，輜重糧餉之運輸不便而戰機又轉矣，則工程隊之活躍尙也。故健全之軍隊，須三部隊有充分之聯絡。方能立於不敗之地，而健全之新聞社，亦須編輯，營業及印刷三部間有合作之精神，方能日臻發達。

新聞社之組織，雖各社間不有同之點。然以大體言之，則社必有社長，部必有部長。各部之下則又各有其隷屬部分之主任。故一社之最高指揮權，屬諸社長。各部之責任與指揮權在於部長。而各個部分之主任，則處理其應有範圍以內之職務。今爲列表如下。以明其系統。

- 新聞社（社長）
  - 營業部（部長）
    - 廣告處（主任）
    - 發行處（主任）
    - 會計處（主任）
    - 庶務處（主任）
  - 編輯部（部長）——（詳見後）
  - 印刷部（部長）——（詳見後）

此爲新聞社普通之組織系統，今則別設經理部，以輔佐社長處理一切事務。其系統如下。

- 經理部
  - 收發處
  - 會計處
  - 總務處
  - 庶務處
- 營業部
  - 廣告處
  - 發行處

新聞社—社長——┬—編輯部——詳見後
　　　　　　　└—印刷部——詳見後

第三節　發行本位與廣告本位

新聞事業既視爲一種商業，新聞紙乃爲一種商品。欲商品銷售之廣大，有二大要件焉：(一)品質之精美，(二)營業方法之得宜，關於前者編輯部之責任，關於後者乃營業部之責任。故編輯爲消耗的，營業部乃進益的。營業分爲二大部，一發行，二廣告。在昔經營新聞事業者，以發行報紙—銷售報紙—爲其主要之財源，近則以廣告爲主要之財源，而銷售報紙反有爲新聞社之損失者矣。蓋當此新聞事業競爭劇烈之秋，不減低新聞紙之賣價，難以吸收多數之讀者。不能得多數之讀者，卽不能有多數之廣告，且亦不能增加廣告之刊費。不能得多數之廣告與增加刊費，卽不能維持新聞社之存在。故權衡輕重，寧忍發行上—銷售報紙—損失，博得多數之讀者，以增加其廣告之爲得策。換言之卽與其以發行爲本位，毋寧以廣告爲本位。雖然，所謂廣告爲本位者，乃以經營新聞之策略而言。若以本質言之則發行與廣告乃互爲因果互相爲用。誠以當此商戰競爭之世，商店之所以欲在新聞紙上刊登廣告者，在欲使其店中之商品週知於世，以達其廣爲銷售之目的，欲達此種目的，自不能不求有多數讀者之報紙，爲之刊登廣告，而不願於發行少數之報紙上刊登廣告，此理至爲明顯。但自報社一方言之，欲吸收多數之廣告，自當先求發行之廣大。欲求發行之廣大，由根本上言之，自當先求報紙內容之豐富，消息之靈通，而減低報紙之賣價，實爲推廣銷路之捷徑。故由新聞事業之本質言之，當以發行爲本位。於其策略而言，則又當以廣告爲本位也。

第四節　各國新聞紙之經營法

經營新聞事業之大體方針，由經濟及策略上言之，固以廣告爲本位爲得策，然亦有因情勢所限而不能不變通者。如美國之新聞社幾無一不以廣告爲其營業之本位。此蓋有二大原因也。（一）美國以商立國，其國民之目標幾全在於商。爲商者最善之一招徠方法，爲在新聞紙上刊登廣告。（二）美國國民生活日趨於文明化，而尤尊重時間之經濟。故都市人民，日常生活之需要，幾罔不求之於百貨公司與其他之商店。情勢所趨，乃致欲知家具，衣服，食品及其他凡百商品之品質與價格之高下者，都求之於新聞紙上刊登之廣告。供給者與需要者既咸知利用新聞廣告，經營新聞事業者，乃亦利用社會之要求，以決定其經營方針，而採取廣告本位主義矣。

法國則不然。蓋以法國之社會，缺少活動與進取的精神，其商業亦有沉滯之勢。故對於廣告之效用，至爲冷淡。且法國之國民性較爲輕快，喜讀新聞紙者較爲多數。因之經營新聞事業者，乃注其全力以迎合國人之性理，使報紙銷數之廣大，其趨嚮乃皆以發行爲本位。

德國之新聞紙，亦以發行爲本位，然其經營之法與法國不同。蓋法國多零售，而德國多長期定閱。此因德國新聞紙之編輯法，注重於各方面有趣味之記事，且多沿革的與推論的說明。取材極爲豐富，多爲連續不斷之資料，足供學者之研究也。如德國社會黨機關報『福幣，威幣資』每月對於長期定閱之收入，爲一百三十萬七千餘馬克，而法國社會黨機關報『優麥尼迪』，每月長期定閱之收入，祇九萬五千餘法郎，但其零售之收入，實達七十四萬八百餘法郎。可以窺知其大概矣。

英日兩國之經營新聞事業者，因時勢之推移，近亦漸趨重於美國式之經營法，而以廣告爲本位矣。我國之新聞事業，近雖漸見發達，然以大體言之，除上海一隅之三數新聞紙尚可謂爲略具經營之雛形外，其餘各地方之新聞，則發行之數，多者數千，少者數百，規模旣未具備，經營方針亦無由決定，與東西洋經營新聞事業之眞義，尙覺相去甚遠矣。

第二編　編輯部

第一章　編輯之概要

第一節　編輯之方針

新聞紙既視爲一種商品，則欲求商品之暢銷，必先求其品質之精良；欲求品質之精良，則全恃材料之精選與製造之得法。編輯部者，新聞紙之製造廠也。欲得精美之新聞紙能吸收多數之讀者使新聞社臻於發達之境者，編輯部之責任矣。

新聞紙如何而能精美乎？是則有先決問題也：一曰編輯之方針，二曰編輯之形式。今先言編輯之方針：

我國經營新聞事業者，當其出版之初，大抵必有一種標語曰『議論謹嚴』，曰『消息靈通』。此卽編輯之方針也。且合於近代經營新聞事業成功者之編輯方針也。以美國而言，美國新聞紙之最發達者，曰講壇報（Tribune），曰紐約通報（The New Yoak Herald），曰世界報（World），曰哈斯脫氏所辦之紐約晚報（New York Journal）。講壇報之編輯方針，以議論爲本位。紐約通報之編輯方針，以新聞爲本位。世界報與紐約晚報之編輯方針，則以確實而有趣味之新聞爲本位，此皆美國成功最著之新聞紙也。然時勢所趨，今則尤以世界報與紐約晚報之發達爲更甚。換言之，卽以新聞本位之新聞紙其成功尤在以議論爲本位者之上。卽同一以新聞爲本位之新聞紙，而以確實有趣味之新聞爲本位者較之僅以新聞爲本位者其成功尤大。此則新聞界之新趨向也。故世界報編輯部內所揭之標語曰 (Accuracy And Tersens)『正確與簡明』。紐約晚報編輯部內所揭之標語曰(The Policy of the journal is to Please as many as Possidle)『本報之政策在能予讀者以充分之趣味』。是可知美國新聞紙之趨向，對於以新聞爲本位一層，固已一致。然新聞而須加以確實簡明與有趣味，則不僅美國，亦即各國新聞界之新趨向也。

旣所謂以新聞爲本位者，非謂棄置議論於不顧也。乃以議論爲新聞紙中一部份之材料而不以之爲經營上之作戰品也。觀於美國編輯部組織之內容，可以明瞭矣。（參觀後章美國編輯部之組織）

雖然，美國新聞社之編輯方針，最近固以正確有趣味之新聞爲本位。而英日兩國之新聞編輯方針，則尚側重於以言論爲本位。觀於日本新聞社編輯部之組織（參觀後章），以主宰論說之主筆居於編輯部之最高位．而指揮編輯新聞之編輯長反居於主筆之下，可以窺知其大概矣。故愚以爲編輯方針之究以何者爲本位，當以新聞社經營之方針而決定，此蓋有二說焉：（一）如視新聞事業純爲營利的職業，則直視新聞紙爲一種商品。由此一觀念而言，則優秀超越之新聞，其吸收讀者之功，自比嚴正枯燥之言論爲大。情勢所趨，自當以新聞爲本位。此美國編輯方針所以造成今日之現象也。（二）以新聞紙之主旨言，則新聞紙不僅爲單純營利的商品，乃亦爲輿論之代表，即就此一點而言，則新聞紙之言論，足爲政府之針砭，社會之指導，其價値或有什百倍於新聞記事者，況我國內政外交以及社會狀態尙未入於正軌之秋，經營新聞事業者，似未能僅以供給正確新聞爲已盡記者之天職。故愚以爲編輯方針之決定，以大體言之，固視新聞社經營之方針以爲斷，以中國之現狀而言，則苟力之所及，言論與新聞二者並重斯得之矣。

第二節　編輯之形式

編輯之形式，以現在而言，有所謂美國式與英國式之二種。此蓋以世界各國之新聞事業，以英美兩國爲最發達，而兩國新聞紙之內容與形式有種種不同之點，各國新聞界從其所好而仿效之，乃有此兩種系統之分。然事實上英國固多美國式之新聞紙，美國亦有英國式之新聞紙，兩者非截然以國界爲區別也。茲言其不同之點，以供參考。

（一）**編輯之體裁**　英國式之編輯法，於新聞紙之第一頁刊載廣告或不甚重要之新聞，蓋不嘗以第一頁爲新聞紙之表面。其重要新聞及論說，都登載於新聞紙總頁數之中央頁數上。例如新聞紙之總頁數爲八頁，則四五兩頁謂之中央頁(Middle Page)，又名讀頁(Reader Page)，蓋以舉凡重要新聞記者署名之特別記載，及瑣雜記事之含有重要意味者，皆登載於此四五兩頁。而新聞紙之名稱，新聞社名，發行日，及價目表等亦皆登載於此，故又名旗頁(Flag)。若美國式之編輯法，則第一頁上所載者，悉為重要新聞，使讀者見之卽可瞭然於當日所發生之重要消息，而十分滿足，此所謂重要新聞者，不僅限於政治外交之記事，卽市井之瑣事，苟亦足以引起一般讀者之興味者，亦必刊載於此頁之上。但重要新聞之中又視其重要之程度而定其刊登之地位。其最重要者，登載於第一頁右邊之最上端，此蓋以新聞紙摺疊之後，此端最易惹人之注意引起一般人購讀之動機也，次要者登載於中央部分之最上端，其次登載於左邊之最上端。此外則視其重要之程度而登載於上述地位以外之部分，或連貫二欄三欄或用方框圍繞其四周，以引起讀者之注目。若重要新聞過多之時則將每條新聞之重要部分，登載於第一頁，其未完之部分續載於後頁。總之美國式之編輯法，於第一頁上，祇登重要之新聞，不登以任何之廣告，此與英國式不同之點也。

（二）材料之選擇　美國式之編輯法注重社會方面有興味之記事。英國式編輯法注重政治外交之材料。美國式對於殺人强盜之記事，都用大號鉛字爲標題，以引起社會之注意。英國式則雖關於國家大事，亦純用小號鉛字爲標題，爲沉靜莊嚴之表示。美國式之記事總以迎合讀者興味之材料爲主體，故多印象的新聞。對於瑣雜之記事，則將全部所有之要點，悉列入第一節中，使讀者縱不讀其全文，已可明瞭其事之始末。英國式則按照問題經過　順序而爲漸進式之記事。

（三）標題與插圖　美國式新聞之標題，都用大號鉛字，且於大標題之外，喜用小標題，小標題有用五六行者，有多至十數行者。其每行所用之鉛字大小不一。英國式之標題，無用過大之鉛字者，即鉛字之種類，至多僅用二三種，無如美國式之種類既多，大小又不一也。美國式之新聞都用寫眞板或木板插入新聞之中。英國式則絕少用之。美國式之新聞於星期日類皆增加篇幅並附圖畫附錄，較平日爲貴。英國式則於星期日類皆停版休息。

我國新聞紙之編輯法，類皆大同小異。其各頁分配之法，以第一頁實以廣告，第二頁爲緊要新聞，第三頁爲國外新聞與本地新聞，第四頁則有半爲商業新聞半爲廣告者，此則所謂一大張新聞之編制法也。若所謂二大張之新聞紙者，則第三頁易爲國外新聞與次要新聞，第五頁爲各省新聞（即地方新聞），第六第七頁爲各種專刊，如經濟及文藝之類，而第八頁又爲廣告頁矣。故大體以言之，可謂爲英國式，然亦不盡然也。至最近之趨勢，則新聞之排列與標題之形式，有採用美國式者。然亦僅少數有新氣象之新聞紙爲然。多數之新聞紙則仍暮氣沉沉，墨守舊規也。

第二章　各國新聞社編輯部之組織

第一節　美國新聞社編輯部之組織

編輯部之組織，各國略有不同，而各國亦自有其特長之點。即同一國中之新聞社，亦有因經濟之關係而有繁簡之分。美國之大新聞社，大抵由社長充當總編輯（Editor in Chief），爲編輯部全體之監督。其下分爲二大部分：（一）言論部長(Chief Editorial Writer)，(二)編輯部長（Managing Editor），此二部長之地位，或相並立，或則編輯部長居於言論部長之上，間亦有以言論部長居於最高位者，此則以新聞社組織之情形而不同。今為易於了解起見，將美國最近新聞社編輯部之組織，列表於下，以資參考。

- 檢閱記者 (Night Editor)
- 社會部主任記者 (City Editor)
  - 訪員（外交記者）(Reporter)
  - 百英里以內之通信員 (Correspondent)
  - 閱讀新聞紙者 (Newspaper Reader)
  - 謄錄人 (Rewrite-man)
  - 原稿修改長——原稿修改人 Headcopy-Reader Copy-Reader
- 電報部主任記者 (Telegraph Editor)
  - 國內聯合通信社 (Associated Press)
  - 百英里以外之通信員 (Correspondents)

編輯部
社長 President
即總編輯 Edit r in Chief

新聞部 News Depart n nt
編輯長 The Manag ng Edit r

海外部主任記者 (Cab e Edit r) — 海外各地之特派及特置通信員 (Spec al Correspond nt)

殊記者 Specirl Editor

1 各地新聞切拔記者 (Exchange Editor)
2 經濟及商情記者 (Financial and Comme ec Editor)
3 不動產記者 (Real Fstate Editor)
4 戲劇及音樂記者 (Dramatic or Musical Editor)
5 社交及家庭記者 (Soceity Edit r)
6 文學記者 (Literature Editor)
7 新刊批評系 (Book Rev ewer)
8 遊戲記者 (Sport ing Editor)
9 輪船記者 (Shiping Editor)
10 鐵路記者 (Railroad Editor)

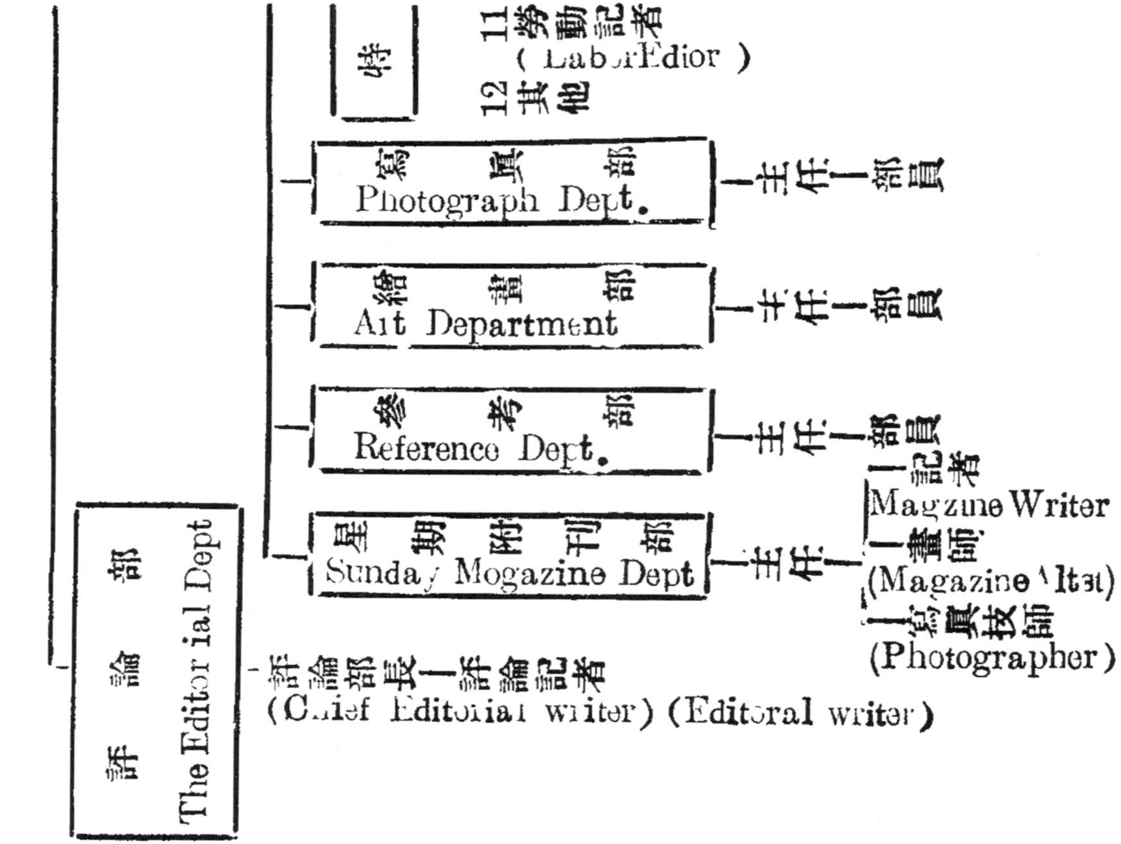
評論部 The Editor ial Dept
評論部長—評論記者
(Chief Editorial writer) (Editoral writer)
特
11 勞動記者
(LaborEdior)
12 其他
寫眞部 Photograph Dept.
主任—部員
繪畫部 Art Department
主任—部員
參考部 Reference Dept.
主任—部員
星期附刊部 Sunday Mogazine Dept
主任
—記者
Magzine Writer
—畫師
(Magazine Altst)
—寫眞技師
(Photographer)

此美國哈斯脫氏在紐約經營新聞社編輯部之組織也。由此表觀之，可知編輯長之地位至爲重要而繁劇。雖與評論部並立，然其勢力則實際上高出評論部長之上。故關於編輯上之方針，時與社長及營業部長爲斷然之決定。對於日日之重要新聞，則指揮各擔任之記者爲適當之處置。且全部記事之取捨，新聞之排列，插畫寫眞之配置，大樣之形式，無不一一爲臨場之監督指導。其次負有重要任務者，爲檢閱記者與社會記者。

檢閱記者之任務，在檢閱所集記事之配列，及全部記事之大樣，觀察新聞價值之大小，改正記事之文章與標題之趣向。凡新聞之有發生法律問題之可能性者，則删除之。鉛字的大小種類不中程式者則改正之。蓋自所有新聞發至印刷部後以至出版爲止，其間之工作悉屬之檢閱記者。至新聞材料之蒐集，及原稿之整理，則爲編輯記者之任務。其職權觀於上表自可明瞭也。

編輯部長，檢閱記者與社會部記者之職務，既大且繁，故普通分爲晝間執務與夜間執務之二種。其地位則晝間記者處於夜間記者之上。

第二節　英國新聞社編輯部之組織

英國新聞社編輯部之組織，較之美國略有不同而自有其特色，其大體之組織，則分爲二大部(一)外報部 (Foreign Department) ，(二)內報部 (Home News Department)。總其成者爲主筆，乃編輯部之總指揮也。其特長之點，即非但部各有長，即屬於各部之系，亦皆有主任，以負其所任職務之全責，如政治，外交，經濟，以及運動記事等等，各有其負責之人，而外交之中，則更分東洋系・美國系，法國系，德國系等門，各爲其專門之記事。故英國之新聞紙以大體言之，其識見與威權較爲偉大。茲將其編輯部之組織列表如下：

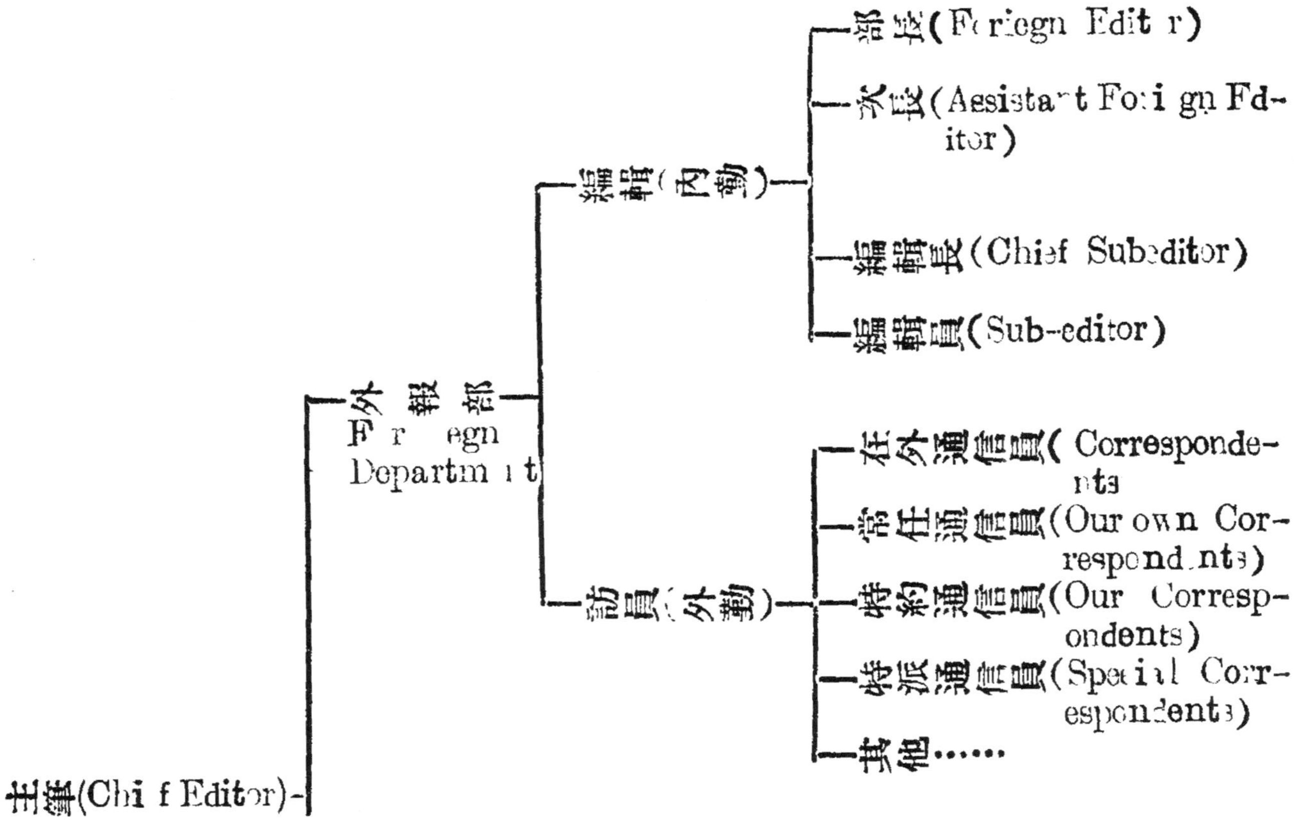
主筆(Chi f Editor)
外報部
F r egn
Departm t
編輯(內勤)
部長(F riegn Edit r)
次長(Assistar t Fo i gn Ed-
itor)
編輯長(Chief Subeditor)
編輯員(Sub-editor)
訪員(外勤)
在外通信員(Corresponde-
nts
常任通信員(Our own Cor-
respond nts)
特約通信員(Our Corresp-
ondents)
特派通信員(Spec l Corr-
espondents)
其他……

- 內報部 Home News Department
  - 編輯（內勤）
    - 部長（Home News Editor）
    - 次長（Assistant Home Editor）
    - 編輯長（Chief sub-editor）
    - 編輯員（Sub-editor）
  - 訪員（外勤）
    - 地方通信員（Local Corres-pondents）
    - 外交記者（Reporters）
  - 國會記者
  - 藝術記者
  - 美術批評家
  - 運動記者
- 商情部—部長（City News Dept）（City Editor）

英國編輯部之負有重要任務者，爲外報部之在外通信員與內報部之外勤員（訪員）。其內部之編輯長，則秉承部長之命，指揮通信員之執行職務及司原稿之取捨而已。編輯員者，即美國之原稿修改人。因美國不喜用Sub(卑下之義)之字，故名原稿修改人爲Copy Reader。

外報內報二部之外，尙有所謂商情部者，亦佔重要之地位。此部名曰City News Depaitmemt。其部長則曰City News Editor或簡稱City Editor，其任務與美國之City Editor不同，蓋美國之Cit yEditor係社會部之記者，而英國則在昔專指倫敦市內之商情記者而言，今則關於經濟之記者，亦名之曰City Editor。此外尙有國會記者，藝術記者，美術記者，及運動記者等，雖應同屬於內報部。但以須具有一種特殊之智識，故成爲半獨立性質，各自爲門而間接的隸於內報部也。

第三節　日本新聞社編輯部之組織

日本新聞社編輯部之組織，以財政與其營業發達程度之關係，亦各有不同之點。但以大體言之，則編輯部之幹部，係由主筆，編輯長，政治部長，經濟部長，社會部長，及通信部長之六人而成。然亦有設學藝部長而爲七人者。其系統如下：

主筆 — 編輯長（論說部）
- 學藝部長
- 政治部長
- 經濟部長
- 社會部長
- 通信部長

此爲編輯之幹部。然僅此幹部，不能編輯新聞，乃有隸屬於編輯長之半獨立機關如下，

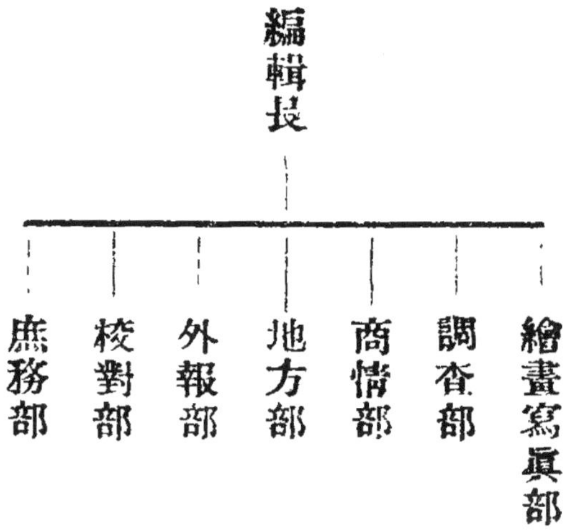

日本新聞社之編輯部，以主筆爲之主體。爲新聞紙上言論之主宰者，雖猶美國評論部部長，而其職權則較爲擴大。此蓋以日本之新聞紙大抵偏重於言論的，故主宰言論之主筆，其地位在編輯長之上，且有監督或指導編輯部全體之權能，其任務非僅著爲論說而已也。編輯長爲直接指揮各部之人，負編輯部內發號施令之責，爲編輯部之中堅人物。至其所屬各部已如上表所列，同爲編輯部之機能。惟庶務部則無編輯上之工作耳。

第四節　編輯部之佈置

編輯部之佈置，各國亦有不同之點。美國則除評論部與編輯長外，其他所有之記者俱同居於一大廣室之中，此蓋圖編輯進行上之連絡便利計也。而哈斯脫氏所辦之各新聞社及世界報之編輯部，則於廣大室中置一大橢圓形桌，桌之中央或一端設一凹處爲主任之座席，其餘部屬之記者依次圍坐於桌之四周，各事其事，凡關於編輯之問題，立時卽可解決。此爲美國最新式，且時間最經濟之佈置。室中初無裝飾，當編輯進行之時，紙屑滿地，舊報雜措，蓋以敏捷爲本位，毫不計及便利以外之事也。

英法新聞社編輯部之佈置，則與美國大異其趣。各部記者各居一室，室中裝飾至爲美麗，恍如宮殿。如法國小日報（Le Petit Journal）編輯部之樓上，且有能容一千三百人之大宴會場，時有夜會，跳舞會，戲劇及各種展覽之會。適非美國實際主義之編輯部所能望其肩背。

美國雖爲自由平等之國，然在編輯部中則絕對的專制。階級之空氣亦充滿於部中。記者關於編輯上之問題對於編輯長有所陳白，則常持直立不動之姿勢，非得編輯長特別之許可不能就坐。故上對於下爲命令的，而下對於上則純商的而服從的。蓋不啻軍隊中之規律也！英法則以重視個性之故，初無上下之區別。日本於社會上之交際，雖有若干階級之分，而在編輯部中，則尚無如美國之顯分上下。

第三章　編輯部之各機關

第一節　編輯部組織之擬議

各國新聞社編輯部之組織，以其國情與經營之方針而有不同。如美國於總編輯之下分爲新聞與評論二部，部各有若干所屬之部份，而偏重於新聞部。英國於主筆之下分爲外報與內報二部而二部並重。日本則於主筆(論說)之下設編輯長，其下乃分論說，學藝，政治經濟，社會，及通信等四幹部，而側重於主宰論說之主筆。中國新聞社之編輯部，尚無相當之組織，鄙人不敏，參酌各國編輯組織之成規，而擬爲如下之組織：

- 總編輯
  - 政治經濟系主任
    - 外交記者（訪員）
    - 編輯員
  - 社會系主任
    - 外交記者
    - 編輯員
  - 通信系主任
    - 國內通信
    - 國外通信
    - 翻譯
  - 文藝系主任
    - 藝術評論（主任兼）
    - 編輯員
    - 外國新聞雜誌翻譯及整理員
  - 總務科主任
    - 參考科
    - 寫眞製版科
    - 校對
    - 庶務

照上表之組織，編輯部設總編輯即編輯部長一人，對於社長負言論與編輯上完全之責任，對於編輯部全體，爲直接或間接的監督與指導。對於營業，則與營業部長爲切磋之協商。下設政治經濟，社會，通信，文藝及總務等五系。各系各有主任一人，直接指揮與監督其所屬人員之工作而負編輯上之責任。遇有重大問題發生之時，則提出於其職務範圍內之意見，供給於總編輯以爲評論之資料。故總編輯者，固貴有文才有學識，有經世之眼光，與敏銳之活動及廉潔之操守。而各系主任則亦貴有練達之經驗與專門之智識，且須思慮精密，用意周到，趣味濃厚，見聞廣汎。

上表所定編輯部之組織，係指日常工作而言。若遇有特別問題發生之時，則可調動甲部人員襄助乙部人員，或室內工作之編輯襄助社外工作之外交記者共同工作之必要。此在總編輯及各系主任之調度也。

第二節　政治經濟系

新聞社之主體爲編輯部，而編輯部之脊髓爲政治經濟與社會之二系。誠以國家與社會之各問題，都半屬之此二系範圍之內，故其任務至爲重要。

新聞社之所謂政治經濟者，乃廣義的，舉凡一國之政治外交問題，各省各縣之行政，市政，農政，交通行政，以及海陸軍問題，悉屬之政治。而國家之財政，民間各種之經濟機關，商工業貿易，交易所及關於理財之事項，皆屬之經濟，故政治經濟系之範圍至廣也。

政治經濟系之任務既重，範圍又廣，故非但爲之主任者須具有專門知識與興味，對於各種發生之問題爲正確明快之判斷力與觀察力；即其所屬之記者亦須有相當之知識與活動。

政治經濟系之組織，雖有因新聞社之經濟力而有不同。然其人員之分配與活動之方面，大體如下表：

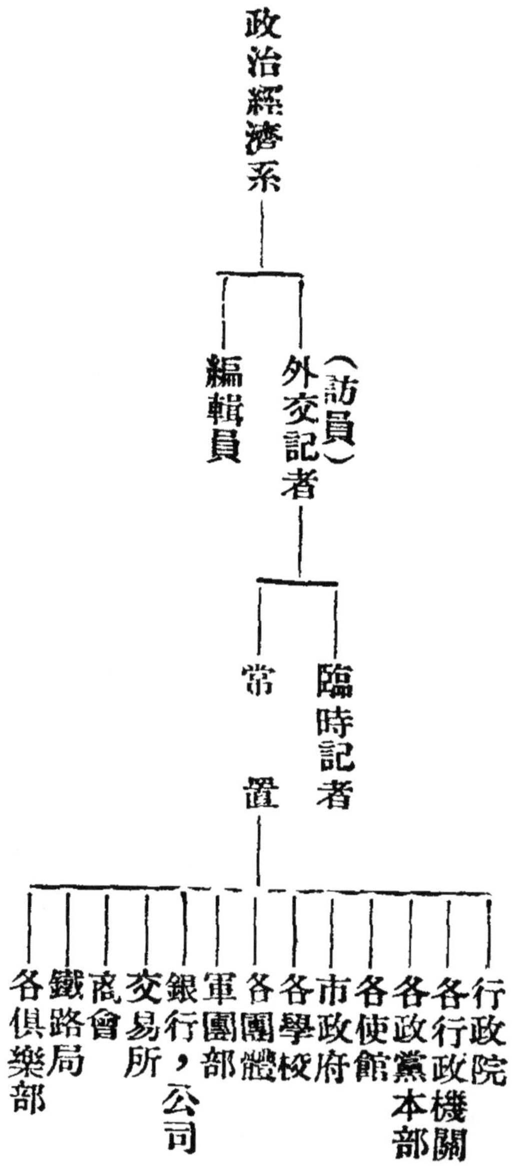

政治經濟系主任之任務，在外則探訪重要之新聞，如與政府要人，政黨首領，及銀行公司之經理交換意見；在內則指揮內外各記者爲日常之工作。其餘

次要之新聞，則悉以委之外交記者。外交記者分二類：（一）常置外交記者，（二）臨時外交記者。常置外交記者，於所定之範圍內，時為不斷之訪問，其人數由新聞社之經濟力而有不同。大抵簡易者可由一人擔任數方面之探訪，如各部院之訪問可以一人兼任之，各政黨與各使館，可以一人任之，銀行公司及商會等可以一人任之之類。臨時外交記者，則於發生重要問題或國會開會之時，常置記者既仍須進行其日常之工作無暇兼及，則不得不求之於臨時記者矣。

第三節　社會系

社會系之範圍，至為廣大而瑣碎，自天災地變以及市井瑣事莫不為社會之新聞。換言之卽政治經濟以外之一切事件，凡社會之各階級各方面所發生之問題，俱屬之社會系範圍之內。故社會系之主任與記者，雖未必定要深博之學識，而健全明快之常識與機敏之腦力，則爲不可缺少之條件也。其組織雖與政治經濟系無大差別，但是活動之方面則不同。

- 社會系主任
  - 編輯員
  - 外交記者
    - 臨時
    - 常置
      - 公安局，社會局，公用局，土地局等
      - 法院
      - 市政府
      - 憲兵營
      - 衛戍衙門
      - 氣象臺
      - 旅館，飯店，茶樓
      - 車站，輪船埠頭
      - 公園，劇場，俱樂部
      - 學校，病院，各種慈善團體
      - 運動界
      - 花柳界

社會系主任及其記者之地位與任務，雖與政治經濟系者無大差別。然其取材之範圍較爲廣汎。且天災，地變，死傷，火災，以及竊盜等等之突發事件之發生，初無一定之地點與時期。而偶一發生，則外交記者須有非常之活動，否則時機一縱卽逝，而難得其詳情。故社會系之臨時外交記者較政治經濟系尤爲必要。至常置之記者，則雖有一人可任數方面者，然如赴法院觀審或出席於某種會場，則時間旣久，勢不能兼顧其他之方面；故社會系之外交記者之人員，當較政治經濟　者爲多。

第四節　通信系

英美新聞界對於通信之觀念至爲深厚。常謂新聞事業之盛衰與通信機關之能利用與否成爲比例。故通信機關設備完全之國，其新聞必優秀；而新聞之價値如何，視其利用通信機關之程度而定。故觀夫編輯部內通信系活動之狀態，即可判定其新聞社良否之一班，倫敦泰晤士報之所以稱爲世界新聞界之王者，以其於國內外主要之地不惜鉅資廣遣通信員之所致也。

通信系之組織，分爲四部分(一)國內通信員，(二)國外通信員，(三)翻譯員，(四)編輯員。通信員中則視其駐在地點重要之程度而更分爲特派員，常置通信員及囑託通信員之三種。如一國之首都及工商業中心之地，可於常置通信員外，更遣特派員，以期消息之詳悉而敏捷。若次要之地，或設常置通信員或設囑託通信員，則視其新聞社經濟力之如何而定也。翻譯員爲翻譯歐美各國拍來之電報及外國之新聞雜誌中足以注意之新聞，以供編輯之參考。編輯員則襄助主任從事編輯之工作者也。

國內通信員
- 特派員
- 常置通信員
- 囑託通信員

- 通信系主任
  - 國外通信員
    - 特派員
    - 常置通信員
    - 囑託通信員
  - 翻譯員
  - 編輯員

第五節　文藝系

新聞紙上之文藝大概可分爲三類：（一）純文藝，（二）雜文藝，（三）新聞文藝。純文藝以藝術爲本位。雜文藝以趣味爲本位。新聞文藝以報告爲本位。屬於純文藝者，如小說，劇本，詩文等純粹藝術的作品及美術，劇藝，音樂，並關於藝術家之批評等。屬於雜文藝者，如漫筆，雜錄，俚歌，及有純文藝之形式而無純文藝之價值者。屬於新聞文藝者，則關於文藝，美術，劇藝，音樂及其他一切之藝術及藝術家之消息與新刊批評等。

文藝之範圍既如上述。故文藝系之組織，亦可分爲三部如下表：

文藝系主任——純文藝記者
　　　　　——雜文藝記者
　　　　　——新聞文藝記者

第六節　總務系

編輯部內之工作，原可分爲直接工作，與間接工作之二種。上述各系均爲直接工作者。若參考書報圖畫及校對庶務等，雖同屬於編輯部內之事。然於新聞紙編輯之工作上，係間接的。但對於直接工作之各系，有共同供給其材料或工作之職務。故爲連絡上之便利起見，特設總務系以總其成。

總務主任之職務，(一)供給各系所需要之事件與工作，(二)指揮部屬之工作。下分五科，(一)參考科，(二)寫眞製板科，(三)校對科，(四)編輯庶務，(五)整理科。

第七節　參考科

參考科，不啻爲編輯部之顧問。各國大新聞社設立此科之起原，僅爲查考政界要人及名士之略歷與寫眞，以供編輯上之需用。其後需用之程度日增，此部之設備乃尤完備。而其常備之品，(一)世界各國主要之新聞，雜誌，官公衙之報告，著名之新刊。(二)各國各種之辭書，年鑑，統計，寫眞等。辭書之中，有人名辭典，地名辭典，及關於文學，科學，政治，法律，實業等專門之書籍。寫眞之中，則各國要人要地及重要建築之寫眞，無不搜羅俱備。故偶有特別之事發生，此種應有之寫眞與考證，立可取用。如中國政局有所變動由某要人出而組閣，則參考科應編輯部之需要立卽供給某要人之略歷寫眞，否則平日不爲之備，應用時無所取材，新聞當爲之遜色矣。故各國大新聞社對於參考科之組織，極爲注意。如美國世界報參考科之設立，遠在一八八九年，另闢一部分之房屋以爲參考科收藏書報及寫眞之室，科內人員不下三十餘人，日夕工作而無休暇。其規模之大可見一斑。

參考科之名稱，各國互有不同。紐約之Journal社名之曰參考部(Reference Department)世界報名之曰傳記部(Biographical Department)，New York Herald名之曰索引部(Index department)濮羅克林(Brookign)之鷹報(Eagle)名之曰參考圖書室，(Reference and Library)，英國俱名之曰圖書部(Library)，日本名之曰調查部。

參考科之組織，可如下表：

參考科主任
- 書報部
- 寫眞部
- 索引部
- 類纂部

書報與寫眞二部則司書報與寫眞之收發。索引部製作書報與寫眞之索引。類纂部(News Paper Cutting)則將國內外之新聞雜誌切拔而類纂之也。然此種組織，因書報寫眞與之搜集，爲費殊鉅且蒐羅不易，欲求其完備，至爲困難，苟能隨時留意收藏則由簡而繁，或可求全於萬一乎。

第八節　寫眞製版科

現代之新聞紙非僅爲一種讀物，亦且爲一種閱物。蓋普通一般讀者之心理，於『讀』之前，嘗先求『閱』，以滿足其興趣之希望。而新聞紙上能有與新聞記事中相關聯之寫眞或插畫，則更見精彩。故歐美日本之新聞紙都注重於此，尤以美國之報紙爲最。中國之新聞紙尙未足以語此。卽有一二報紙偶有登載，然於人物之寫眞則都用普通半身之相片。且都模糊不淸。則非但不足增加讀者之趣味，且大殺風景，則有之不如其無也。此其故由於寫眞之來源，求之於照相館。製版則委之於專門營業者。結果乃致各新聞社所登之寫眞大抵雷同而意興索然矣，故欲求寫眞製版之精美非設立寫眞製版科不可。而欲得有新聞意味之寫眞則非（一）各系之外交記者自攜照相器攝取卽景卽物之寫眞，（二）養成有新聞知識之寫眞技師攝取新穎而有趣味之寫眞不可。此科之組織，可分寫眞與製版二部。

第九節　校對科

校對科之職務，爲照編輯部所發之原稿以改正印刷部所排成之小樣。此科之地位，歐美各國皆以屬之印刷部，我國與日本則都以之屬於編輯部。此雖由於文字之關係，而排字工人之知識太爲薄弱亦爲其原因之一也。

校對科之工作雖純爲事務的，然非有相當之訓練與機智不能勝任。蓋其職務雖爲照原稿以改正誤字。但編輯記者偶然有文字上之錯誤或人名地名等之訛謬，校對科當就詢於編輯部而爲之改正。而編輯部所指定之新聞順序及排列之形式，校對科當指揮印刷工人不得爲之顚倒錯亂也。

校對之工作，大抵分初校二校三校之三種。凡排字工人於排成每條新聞後，打成小樣初次送交校對科校對者為之初校。其照初校校正之稿改正後再打成小樣，送交校對科校對者為之二校。如是推而至於三校，務使無一字之錯誤，校對科之責任方盡。

校對科之組織，至為簡單。其人數之多少則視版數之多寡而定。大抵一版之校對，可以一人任之。如二大張之新聞紙而有正版新聞者，則校對員五人即可勝任。惟中須指定主任一人，以當與編輯部之一切接洽並監督校對員之職。

至大樣之校閱，則當其任者各國各社初無定例。有特設與編輯長同等地位之一負校閱全體大樣之責者。有由各部主任各自校閱其所編輯之新聞者。又有委之於有校對監督資格之人者，此則須視新聞社之規定如何矣。

校對科尚有一種附帶之工作，將每日發行新聞紙上所有新聞之標題按日按版或按頁編成目錄，月終則將一月內每日存餘之新聞紙，彙訂成册而爲合訂本，卽以目錄置之首頁如是。則新聞紙之保存既易而檢查亦便利，且可由營業部出售合訂本亦新聞社之一財源也。

第十節　編輯庶務

由正確之意味言之，庶務不屬於編輯部而屬於營業部。然編輯方面之庶務與營業方面之庶務其職務各自不同，故編輯部須別設庶務也。

編輯庶務之職務（一）將各方面寄來之原稿，投函，通信，書翰等等分門別類以之配送於各系。（二）辦理編輯部各系所要求之經費，筆墨紙之供給，書報之購入，寫眞製版之催促電報電話等之交涉。（三）館役及電話生之監督與指揮。換言之卽編輯部內所有一切之雜務，皆係編輯庶務之事也。

由表面觀之，編輯庶務似不甚重要，然以我人之所經驗者，則往往有因無編輯庶務或編輯庶務之怠惰而演成編輯上意外之失態者。是可爲有設置編輯庶務必要之反證也。

第十一節　整理科

整理科之設置，乃爲營業部出版書籍之預備，爲新聞社之一種副業的工作。故是科之職務在整理每日新聞紙上有系統之文字，而尤以文藝方面之文字爲重。如小說，講演，雜作等等長篇之文字，須經若干時日方能登完者，則每日登載之部份卽由整理科分別類纂，彙集一處。交之原著作人加以訂正。付梓成册由營業部出售。是亦新聞社之一種財源也。其組織視其工作之繁簡而自爲伸縮，玆從略。

第十二節　綜合編輯之機運

編輯部之組織，大體已如上述。然分工而治，時不免有不統一之虞。如同一事件，有已爲政治經濟部所登載，同時又爲社會部所登載者。卽同日同一新聞紙上，發現同一之記事，則既失新聞紙之精神，又呈內部不統一之失敗。故最近有主張將編輯部割據的組織打破，而改爲綜合的編輯者。換言之，卽將來縱的編輯改爲橫的編輯，此種改革日本之東京每夕新聞業經實行，將編輯全體分爲編輯與外交訪員之二部而不如上述之分爲數系，結果至爲良好，且可減省各系之專門記者，於經濟上亦甚得策。但大新聞社則尚無試行之者。

編輯部各系有相當之連絡，爲編輯上至爲緊要之事。以愚經驗之所得，曾擬有下列連絡之方式，茲略述其方式之大要如下：

凡外來及外交記者之稿件，悉數交於編輯長，由編輯長爲之分類交於各系。各系主任乃詳爲選擇取舍，交由編輯員從事編輯。編輯既竣，則由主任審察其標題之適當與否，應用鉛字之大小合宜與否，並審度新聞重要之程度而隨時略定其排列之先後，仍交之編輯長。編輯長則更統視各系編成新聞之重要程度，而定新聞全體排列之順序。如是則既可永免重複之新聞，且足增加新聞紙之精彩。惟編輯長之事務將益見繁劇耳。

第三編　營業部

第一章　營業部之組織

第一節　營業部與新聞社之關係

新聞紙之善良與否，在於編輯部編輯之得法，與取材之豐富。而新聞社之存亡興廢，則在營業部營業之得宜，與管理之精密。猶之織布工廠，布匹之精良，工場內織造技師與職工之責。而布匹之能暢銷，則營業方面之責矣。故以地位言，編輯部與營業部同爲經營新聞社之重要分子，二者乃相輔而行，相得而益彰者也。以實質言，則編輯部爲消耗的，營業部爲生利的。舉凡新聞社之編輯費，營業費，通信費，電報費，紙張印刷費，以及一切必要之支出，無不專恃營業之收入。故歐美各國新聞社之營業部，其權勢與地位，殆有凌駕編輯部之上而左右編輯部之傾向。是蓋以欲求新聞社之健全，當先謀經濟之獨立。而欲求經濟之獨立，則不得不先求營業之發展也。

第二節　營業之方針

新聞之營業，分二種：(一)發行，(二)廣告。在昔之經營新聞事業者，以銷售報紙—發行—爲其惟一之財源，然此已成過去之歷史。蓋以理論與經營新聞事業之目的而言，自當以能吸收多數之讀者，完成其辦報之使命爲主體。但欲藉此以爲其財源，以維持新聞社之生命，則居今日之世，實爲萬不可能之事。蓋新聞事業，既日漸發達。則欲求其在社會上立足之穩固，不得不出於競爭之一途。競爭之法：(一)力求新聞紙內容之充實，(二)新聞紙售價之低廉。由(一)則新聞社之開支愈大。由(二)則新聞社之收入愈少。開支愈大，則新聞社之經費，勢必虧累。收入愈少，則新聞紙之售價，每不足以抵償紙費。然則欲恃發行以維持新聞社之經費，其不可能也明甚。故今日各國之經營新聞事業者，一轉其營業之方針，而注目於以廣告爲本位矣。換言之，即當受發行上之損失，而取償於廣告之收入，以維持新聞社之生命也。

欲以廣告爲本位，須先使廣告發達。廣告何以能發達乎？是在使社會明悉廣告效力、偉大，予登廣告者以莫大之利益。廣告之效力，何以能偉大乎？是在使新聞紙銷路之廣遠。蓋銷路廣，則讀者多。讀者多，則得見廣告者亦多，而廣告之效力亦隨之而大矣。故其結果銷路廣遠之新聞紙，其廣告之價目亦貴。廣告價目愈貴，廣告愈見擁擠。此自然之趨勢，亦已然之事實。此以廣告爲本位之營業法，所以爲今日各國新聞社營業之惟一方針也。但此際有不得不猛省之一點，即勿忘新聞紙內容之須充實。蓋以(一)新聞紙之揭載廣告，初非爲經營新聞事業之目的，亦非以多登廣告，而直接能增加新聞紙之價值，乃爲新聞社求其經濟獨立之一種策略。然則爲遂行此策略而求銷路之廣遠，不啻以讀者爲招徠廣告之工具。是新聞社之得惠於讀者多矣。既得惠矣，當有以報酬之，報酬之法惟何？當於低廉售價之外，更力求新聞紙內容之充實，予讀者以精神上之愉快與滿足。況新聞紙之內容愈充實，斯讀者愈多。讀者愈多，則新聞紙之名愈廣而發行與廣告亦愈廣大矣。(二)社會上之廣告能力，非無盡的乃有限的。則當此物競之世，新聞社以競爭之結果，勢必有減低廣告之價目，以攫奪廣告者矣。如是而互相競爭，互相減價，新聞社之經濟，又將呈搖動之象，此必然之勢也。欲救此失，惟在調和新聞事業本來之目的，與廣告之關係。調和之惟一條件，在始終以編輯爲本位，力求新聞紙內容之充實，以保持其能得多數讀者之地位。然則廣告本位，雖爲今日經營新聞事業者於營業上惟一之手段。而其根本之基礎，則仍在內容之充實。營業部雖爲新聞社謀經濟獨立之機關，而所以能達此目的，使新聞社得最後成功之關鍵，仍在編輯部之健全。猶之織布工廠，必先求織物之工精質實，方能爲營業上之競爭，暢銷其出品也。

第三節　營業部之組織

營業部之組織，分爲二部分：(一)發行處，(二)廣告處。發行處專司售賣新聞紙之事務。分直接售賣與間接售賣之二種。凡讀者直接向發行處訂閱，由新聞社派人分送或郵寄及向發行處購買者，謂之直接售賣。凡經代派處，分館，及報販之手而分送者，謂之間接售賣。廣告處專司登載新聞廣告之事務，亦分直接間接之二種。直接者，由廣告處之人員，自己招徠而來，及欲登廣告者自至廣告部接洽者，屬之。間接者，經廣告社之手所招徠者，屬之。

營業部中，普通有設置會計及庶務二處者。然愚意則以會計與庶務應屬之經理部，而不隸於營業部。此蓋有二理由也：(一)會計與庶務之事務，係新聞社全體的，而非部分的。(二)營業部爲新聞社之收入機關，會計係出納機關。二者分立，則易於檢察而可免種種之誤會。

發行廣告爲新聞社之正業。最近則尙有一種副業，卽出版書報是也。亦分二種；

(一)自營出版之書報，(二)代售各種書報。自營出版書報者，凡新聞紙上所載有系統之文字，如小說，講演，雜作等：長篇著作，經編輯部整理科所彙集編纂並經原著作人加以訂正，印成單行本者及臨時發刊之紀念特刊與副刊合訂本週刊合訂本等屬之。代售書報者，乃寄售他人所發行書籍之謂也。二者之中，當以前者爲大宗。因後者究非新聞社之正當營業也。故以是而言營業部之組織，當如下表：

營業部—主任
- 廣告處—主任—助理員
- 發行處—主任—助理員
- 出版處—主任—助理員

第二章　發行

第一節　發行處之組織

發行處之組織，視發行額數之多寡而有繁簡之分。然普通則設主任一人，受營業主任之指揮，處理全處發行之事務，外設助理員若干人，分任發行之事。蓋發行有直接發行與間接發行，及本地發行，與外埠發行之別。直接發行者，由發行處直接分送於讀者之門，其手續較爲繁瑣。間接發行則由派報社（北平謂之報房）或分館代爲發行，發行處，祇於每晨將各派報社或分館所要新聞紙之總數，點交派報社或分館，任其派人分送，其手續較爲簡易。本地發行者，係在新聞社所在地域內發行之謂。外埠發行，乃將新聞紙發行至新聞社所在地域以外之謂也。外埠發行，亦可分爲二種：（一）直接訂閱，（二）由分館或派報社代派。但爲推廣銷路計，當以於重要之地設立分館，次要之地，委托派報社代派爲得策。

發行事務，既有上述之區別，故發行處之組織及其人員之分配，大抵可分爲本地發行與外埠發行之二大部分。處中設主任一人處理全處發行事務，外設助理員若干人，以一部分專司本地發行之事務，其又一部分則司外埠發行之事務。苟發行額數甚鉅，事務甚爲繁劇者，則本地發行之部分，更可分爲直接發行員與間接發行員。外埠發行，亦更分爲若干區域而令若干助理員分任其事。其助理員之多少，則視各部分事務之繁簡以爲判斷。茲爲明瞭起見，表示之如下：

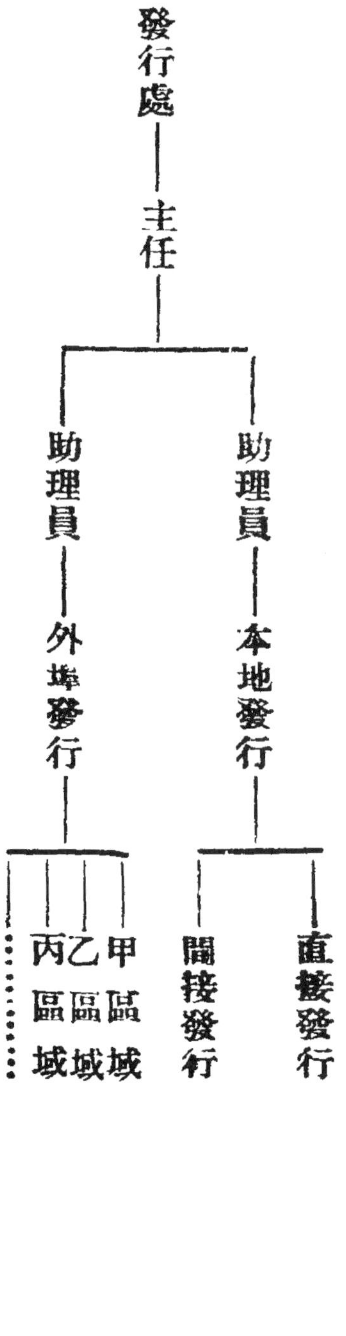

第二節　發行之手續

發行手續，至爲繁瑣，非有練達之經驗者殊難勝任而愉快。其最應注意之點有數端也：（一）每日印報總數，須於前一日之晚間綜核各方面之需要，爲精密之決算，以通知印刷部照數印報。蓋不如是，則或失之過少，將有不敷分配之虞，若失之過多，則徒費紙張，而太不經濟。（二）各方面需要之報數，須於前一夕，一一標明，或列爲表式，如某分館需報若干份，某地派報社需報若干份，直接派送若干份，郵寄若干份等等，一一記明，以免臨時之倉促或錯誤。（三）倘有臨時重大事件發生，逆料足以引起社會之注意者，則於時間可能範圍內，臨時加印若干份，以應社會之需要。（四）對於新加入直接閱戶，須將其姓名住址，告知送報夫，如期派送。其郵寄者則將姓名及詳細地址印成報簽，按日郵寄，不可間斷免使閱者失望。凡此數端皆宜注意者也。

外埠之發行，概由郵寄，已如上述。非距離較近而於發行上有絕大之關係者，——如北平與天津之間，上海與杭州，蘇州，南京之間——則可與郵局特別交涉，將每晨應寄之報，直接送至郵車，免因種種周折而遲誤。此種郵寄之報，須先向郵局掛號立劵，認爲新聞紙類，則郵費既省，且可免一一粘貼郵票之勞。照郵局定章，新聞紙類之郵寄，以重量計算，照現今所定者，爲每格蘭收費五厘，而於月終結算之時尙有百分之四十之折扣，故較之自粘郵票，至爲經濟非僅節省時間而已也。惟每晨將紙捲送至寄局之時，須照寄局所發之立劵新聞紙核算郵費單，詳細填明，同時送去。俟郵局將寄出之報捲重量，記入單內後，取回存查。玆將郵局立劵之表册二種附錄於後，以資參考：

此項立劵新聞紙核算郵費單可向郵局領備用

（郵局留存）

郵局

立劵新聞紙核算郵費單

報紙名稱

（由報館塡寫）

日期

甲寄往外埠

計　束共　分

乙本埠分送

計　束共　分

郵局日戳　報館戳記

（由郵局塡寫）

重　公分（格蘭姆）郵費銀圓　圓　角　分

重　公分（格蘭姆）郵費銀圓　圓　角　分

共計郵費銀圓　圓　角　分

郵局

立券新聞紙核算郵費單

報紙名稱

（由報館塡寫）

日期

甲寄往外埠　計　束共　分

乙本埠分送　計　束共　分

郵局戳　報館戳記

（由郵局塡寫）

重　公分格蘭姆）郵費銀圓　圓　角　分

重　公分（格蘭姆）郵費銀圓　圓　角　分

共計郵費銀圓　圓　角　分

中華民國　年　月　日分

報館交寄國內各處立劵新聞紙應付郵費如左

交寄區別	共若干束	共若干分	連皮格蘭姆重量	連皮格費計(甲)每五十格蘭姆銀圓五釐(乙)每一百格蘭姆銀圓五釐
甲　寄往外埠				
乙　本埠分送				
共　計				
				扣減百分之　計銀圓　圓　角　分
				郵費淨數計銀圓　圓　角　分

貴報館經理人台照

中華民國　年　月　日

郵局具

此項應付之款業於中華民國　年　月　日交到收訖

會計員署名

每月應付郵局之寄費倘於次月五日內尚未照繳者郵局即將該報停止收寄須俟付訖後方可再行照收(參看郵政章程 凡交款時請隨帶此單到局以便簽收仍以退回存執

〔附誌〕

本地之發行，可分爲直接與間接之二種，已如上述。所謂間接發行者，每日將分館或派報社所要之報數，點交予之，任其自行販賣，其辦法當於下節詳述之。至直接發行之辦法則在昔由新聞社雇用送報夫若干人，每晨令其按照定閱之數，按戶分送，然徒步以行，至爲遲緩。故今則都由新聞社用自行車若干輛，令送報夫騎車送報，旣迅速而又便利，使讀者於晨起即得見報，蓋較前爲進步矣。惟發行者於此，當將一地劃爲若干區域，視各區銷報之多少而令送報者各任一區或數人共任一區，則更有秩序而敏捷。

第三節　分館或代派之辦法

新聞社爲推廣銷路起見，每於通都大邑設立分館。其於次要之地，則托各該地固有之派報社，代理銷報。設立分館，有由新聞社認爲某地有設立之必要而派人前往組織者，有由某地固有之派報社担任分館事務者。前者與後者較，當以後者爲得策。蓋有數利也。

(一)各地之風俗不同，人情亦異，彼固有之派報社對於其所在地之情形，自較外去者，當爲熟悉；則駕輕就熟，自以由派報社或由自願担任者，担任分館之爲得宜。(二)自設分館手續繁瑣，不若委托固有派報社担任分館事務之較爲簡易。蓋前者爲新聞社之直屬機關，一切管理，經費，及報費收入等等，均須新聞社直接處理，其事甚繁。後者爲新聞社之附庸機關，管理經費等等，無庸新聞社之過問。祇須與之訂立契約，將報費定爲若干折扣，以酬其担任分館事務之勞。月終則將一月間所有報費結清一次，其事了矣。有此二利，故今日各新聞社之在各地設立分館，大抵不自設立而委托固有之派報社代辦爲。然苟因某地有特殊之關係，力謀發展者，則仍都由新聞社直接派人前往組織分館也。

派報社爲代銷新聞紙機關，有一社而代銷新聞紙數十種者，其目的雖純以利益爲本位，但新聞社則頗可利用之而使之推廣銷路。其辦法與分館略同，惟名義則異耳。今將天津大公報現行之外埠承銷新聞紙辦法，附錄於後，以資參考。

天津大公報批銷章程（十七年十二月第四次修改）

一，本報批銷手續，計分兩項，(一)押款(二)保證，務請批銷人特別注意。(押款)須按所銷報數，每份預付一元，款到即發，款完停寄。但遇道遠之處，得由本報斟酌情形，延長數日候款，惟候款期至多不得超過十天。

（保證）凡屬本報分館，均須採用保證辦法。本館有印就保證書，如「分銷處」「代派處」或有感覺押款不便，亦可用保證辦法，請就天津覓妥實商家作保，每月一終，（按陽歷計算）欠款儘下月十五號以前，務必照結單欠數，如數寄到，否則屆期停發，所欠報款並由保證人負責賠償。倘保遠省，則「結帳」「寄款」期間，可另議辦法。

二，批銷處或因特殊情形，報款無法匯寄，得函商本報總發行部展期。但展期辦法以一次爲限，不得賡續請求，並須於下月底將前欠報款併合新欠完全寄到，否則停發。

三，各地分館，每月報價總額超過一千元時，得由本館斟酌情形，改爲

「旬結」或「半月結」，以資周轉，其辦法由雙方商定之。在本埠有指定撥款處者，自在例外。

四，批銷處因欠停發，除登報聲明外，對本館將收款人川資及費用之損失應由負責人全部担負。

五，批銷本報接洽之初，請先將附上之問答表，逐項詳細塡註，並加蓋派報社及私人圖章，隨同押款或保證書同時寄下，方能發報。

六，批銷本報，以五份起碼，概不退換，每日銷報在五十份以下者，統稱代派處，三百份以下者稱分銷處，三百份以上者稱分館，（如屬本報特派者另章辦理）概不得擅自改易名稱。

七，凡每日批銷本報逾五十份者，加贈本報五份，六十份者贈六份，多銷多贈，以此類推，至贈報數至百份爲止。

八，凡屬本報『代派處』『分銷處』『分館』對各該地重要新聞，民間疾苦，建設情形，均請隨時投稿，或介紹當地人投稿，稿請逕寄本報編輯部，（見後第十五條）以利當地推銷。至酬金辦法，由編輯部另訂之。如或介紹廣告，介紹印刷，則請逕函本報營業部接洽，（見後第十五條）如須回信者，請附郵票四分。

九，各地『代派處』『分銷處』均得在各該地就近區域內，添設銷售處，倘須由總館代理寄報者，其責任仍應自負，且不得併合原銷報數，援照贈報辦法辦理。

十，凡一地已有本報『代派處』『分銷處』，或另有願在該地設立『分銷』『代派』時，須事前徵得本館之同意。

十一，凡在一地批銷本報之經理人，須有共同合作之精神，對一地之「售價」「訂價」不得兩歧。

十二，分銷處及分館，在一年內，對匯款未失信用，對銷報成績優良，得在陽歷年終，就考核結果，分別提贈獎勵金。

十三、「分銷處」「分館」均由本館發給正式執照，可按日憑照向就地「郵政局」「郵政車」憑照取報，遇有遺失時，請隨時通知，以便向郵局註失補發。

十四，各地或因郵匯不通，或郵局匯票用完，得以津地用「莊票」「撥條」，或用郵票代洋（以半分至一角者爲限，按照九五扣算，吉黑濵省郵票不能通用，請購天津或上海國家銀行鈔票，用郵局保險封裝寄）。

十五．各地批銷處，對本館「編輯」「發行」「營業」各部接洽函件，均請分別寄遞，分別編號，如函覆本館信件，務必註明去信號數，以便查考，來信切勿圖省郵費，捲入舊報寄遞，倘有遺失，概不負責。

十六，款項函件，一律掛號，現鈔務必用郵局保險封裝寄。

十七，寄報遇有「郵期變更」「後寄先到」「中途遺失」「當局扣留」等特別情形時，應請隨時通知。倘情形較爲重大時「務用，五三九一天津報止」簡電通知，以免雙方損失。

十八，「加報」「減報」均以接到函電之次日起算，惟月終結算，加減數以每月二十五日爲止。二十五日所到加減函件，概自下月一日起，再行加減。免致賬目淆混。

十九，遇有「北平」「天津」各報因假期或紀念日停刊，或各批銷處有特別之集會（須提前函告，酌定加數），本報當加發本報若干份，以便批銷人酬應各報主顧，此項加報如有餘剩，可以寄還本館退帳，但寄還之郵費須歸批銷人自理。

二十，遇有批銷經理人變更，或派報社名稱變更，地址遷移，及保證人被保人因特種情形須改換時，均請事前通知，否則一切仍由前人負責。

二十一，各代銷處經理人，如有假借本報名義，在外招搖，或對本章程各條不能履行時，除立即停止發報外，並揭登報端，以便各界注意。

二十二，本報批價，每月每份定價三分，（國外另議）外埠定價，每月一元三角，半年七元三角，全年十三元六角，各批銷人願減收訂價推廣者聽。但遇同地有本報兩家以上之批銷處時，「訂價」「售

價」均須劃一（見第十一條）

二十三，本報地址在天津旭街四面鐘對過，自動電話二〇四五〇，有線電報掛號五三九一，無線電報掛號七七七七

二十四，本章程自十八年一月一日起實行，如有未盡事宜，臨時再爲增補。

啟者敝報承

尊處樂爲推銷，毋任紉感，茲爲登記便利，及求細密考核，並謀與

尊處聯絡發展起見，特附上問答表一種，（此表凡本報代銷處，每年均須塡報一次。）務請尊處於單到之日詳細逐條塡註，儘函到三日內寄下，以便查照發報。天津發行部啟

字 No

1 尊處經理人姓名台甫那裏人住在那裏

答

2 現在尊處的詳細地址

答

3 尊處對外有幾種名稱怎樣的寫法

答

4 寄到尊處怎要樣的寄法就可以早到

答

5 尊處共銷幾種報和銷私的數目

答

6 京津各種報那種到的最早

答

7 尊處對批銷章程能不能一一照辦

答

8 以前貴地有沒有別家代銷本報

答

9 除尊處外貴地還有那幾家派報社

答

10 貴地什麼報銷的頂多

答

11 尊處代銷本報是預備訂戶的還是零賣的

答

12 尊處對於本報將來的銷數有沒有把握

答

13 尊處有特別就地推廣本報的方法沒有

答

14 另有向敝處聲明的事情沒有

答

備註 此處請蓋貴社圖記及經理人名章

保證書

具保人　　今向　　但任大公報
天津大公報館保得
分承攬廣告銷所有一切約定條件以及定期
繳款均能按約履行如有違約欠款情事願負
完全責任代爲清結特立此據藉資憑證此致
天津大公報館台照

均請簽章

具保人　字號姓名
被保人　住址姓名

中華民國　　年　　月　　日

第四節　推銷方法

新聞紙之銷路廣遠，不脛而走，固全賴消息靈通，內容充實，能得社會之信仰。然當此競爭劇烈之世，苟無敏捷之手腕與連續不斷之計劃爲推廣銷路之計，則雖與他報同一消息靈通，同一內容充實，其銷路必見遜色。故推廣銷路之法，亟宜講求。而上海各報社因有推廣部之設立也。

推銷之方法，可分爲二：(一)增加新讀者，(二)保持舊讀者。增加新讀者之方法雖無定致，然其最要者，在使報紙與讀者時有接觸之機會。今舉日本各大新聞社推廣銷路之方法以爲例焉。日本各新聞社之發行方法，亦如我國之直接發行與間接發行並重。惟其競爭之劇烈，故各新聞社對於各派報社之契約中，每有一種推廣報之規定。所謂推廣報者，即新聞社每日將若干新聞紙贈與派報社不計其值而以之爲推廣銷路之用也。例如某派報社每日向某新聞社取報一萬份，而新聞社於此計值之一萬份外，更予以不計值之一千份。此千份者卽推廣報也。派社旣得此千份之推廣報，乃以之分配於各販報夫，使之分贈於不閱某報之家庭。旣贈數日，販報夫乃乘機進言於此等受贈之家庭，而慫恿其訂閱某報。此種辦法，每得良好之結果。蓋新聞紙之內容消息如果精良，則祇患其與讀者無接觸之機會，苟有之，則鮮有不起愛讀之心也。況更加以人之慫恿乎。此卽增加新讀者之一法也，挽持舊讀者之方法，更可分爲二種步驟。(一)提醒已訂閱之讀者，於其所訂閱期限將滿之時，繼續訂閱。並與以繼續訂閱之便利，(二)對於期滿停閱之讀者，提起其再行訂閱之興趣。今舉上海申報關於此二者之成法以爲例。

[例一]提醒讀者繼續訂閱之方法(上海申報致會訂閱者之傳單)

發展社會文化　促進人民智識

就要繼續不斷的精神看報

「繼續」二字，是有不斷的意思，世人欲事成功，作事努力前進，繼續不斷，具此精神做去，不論何事，都可成功。所以繼續不斷的精神，就事百事成功之母。

我們看報，爲謀社會文化發展，期望人民智識開通，含有重大責任的性質。所以我們看報，更要繼續不斷了。

尊處前訂之報，將於中華民國十八年十一月三日滿期；故特預先通告，以便期前續訂，免到臨時匆迫。假使續訂過遲，報紙不能與前期接續，恕不照補也。

繼續定報

注意的事項

（一）續訂報紙。最好將左列定報單裁下。塡明報款數目寄來。

（一）如不用下列定報單。或將平時寄報簽條包皮附下一紙。

（一）繼續定報。收款人名義地址。須與前訂者同。否則本館認爲新戶。恐報紙有重複之虞（如名義地址更改。來函切要聲明）

（一）繼續定報。來信須將前訂期滿日子敘明。以便查考。

尊處定報務將此單裁下隨款封入本館印就信封內寄來可免寫信之煩

繼續定報單

頃接到期通告藉悉　敝處訂閱之申報將於中華民國十八年十一月三日

滿期茲託　寄上報款　元　角續訂

貴報　年　月　請即查收按日將報照寄爲荷此致

上海漢口路廿四號

申報館定報處台鑒

定報人　姓名

地址

中華民國　年　月　日發

定報諸君特別注意　再者尊處繼續訂閱敝報時無論直接定閱或間接託友（貴友姓名住址請詳寫明）代定者須將此單塡明尊處到期於未經到期日期之先隨同報費寄至本館以資根據蓋因閱戶過多一時不易辨別新訂與續訂之戶雖保不無重複寄報之事特此聲明以昭愼重

（例一二）提起停閱讀者興趣之方法

逕啓者，查尊處報紙滿期至今，爲日已久。亦覺其消息沉悶否乎？尊處報紙停頓以來，則時局上經過之變化，現在黨國大事，新外交新建設，亦可得而聞乎？或者時事由人口流傳而略知一二，究不如閱讀報章，旣悉始末，復知詳細。表面上只覺與個人增進見聞，究其實在，社會上閱報之人增多，則人民之見聞愈見發展，然後方有遠大之眼光，建設國家富强之基礎。國家爲人民托足之地，國之不存，民必受人侮辱。所以國民政府極力提倡識字運動！這種舉動？就是增進人民智識！故閱報爲不可少之舉也。尊處旣已閱過報紙，當知報紙之關係重大！現在久未訂閱申報，是否另變宗旨耶？須知申報爲中國歷史最久之大報！設備完全，內容豐富。所載之消息翔實！專電迅速靈通！通信之事，尤有系統。此外如體育消息，自由談，國貨消息，教育消息，商業新聞等等：爲申報特別之優點。是以希望　尊處閱讀申報，細索申報之意味，用縝密的審核，嘗知申報之優美。一經訂閱，永勿變其宗旨。敝館並非爲營業計，實爲發展社會文化，提倡民衆智識，故亟函勸訂閱！即希　見復是荷！專此，敬請台安！

上海申報館定報處啓

定報介紹單

茲由　　　　介紹定購
貴報——年　月　隨函奉上報款　元　角
至希核收按日發寄爲荷此致
上海漢口路廿四號
申報館定報處　台鑒
定報人　姓名
　　　　地址

此單以備　尊處介紹定報人之用

定報單

茲寄報款　　元　角定購
貴報——年　月　款到即希
按日郵寄爲荷此致
上海漢口路廿四號
申報館定報處　台鑒
定報人　姓名
　　　　地址

民國　年　月　日寄

第五節 各國之發行法

新聞紙之發行方法，各國頗不一致。美國之發行方法，由新聞社直接發行者，祇限於外埠及海外直接訂閱之閱戶。此外俱用間接發行方法，無論本地外埠，概經派報社之手，以販賣於讀者。蓋美國有所謂販報公司者，其性質類似我國之派報社，惟其規模宏大，資本雄厚，組織亦完備。大抵每一新聞社，必有一販報公司爲之一手經理發行之事。而此販報公司則以其所經理發行之新聞紙，分配於販報店與販報夫。此種販報店，大都爲文房店，雜誌店及糖果咖啡店。販報夫有小規模之組織，且有其賣報之區域。在其區域之內，其他之販報夫不得侵入，以奪其賣報之權利。（猶北平之所謂『報道』也。）此外則尙有所謂叫賣者，亦係販報夫之一種，每於街頭陳列各種新聞紙，以供行人之需要。故以書美國新聞紙之發行法，概可謂之爲間接發行制度，直接發行則僅限於少數外埠及海外之直接訂閱者而已。英國發行之制度，與美國略同。法國則一因直接訂閱者較美國爲多，二因郵局對於新聞紙用特別郵送法以遞送新聞紙，故直接發行與間接發行並重。但所謂直接發行者，並無如我國之由新聞社雇用若干送報夫，將新聞紙一一送達至訂閱之家，乃於每晨三時以前將所有市內訂閱之報，交付郵局，郵局則用專班送報郵夫，特別活動，於上午七時以前，一一送至訂閱之戶，故其手續較爲簡單。至間接發行之報，則每晨用汽車運至販報公司，任其銷售。並利用火車，將新聞紙分送沿路各站，銷售於各站附近之各地。其於交通較爲閉塞之地，則有販報夫沿途搖鈴叫賣。然此皆爲販報公司及銷報經理處之事業與新聞社無異也。日本新聞紙之發行，略如我國。然近亦趨於販報公司代爲銷售之一途矣。

第三章　廣告

第一節　廣告處之組織

營業部爲新聞社之收入機關，而廣告處尤爲營業部中收入之大本營。蓋發行與廣告較，發行報紙，純爲一種商品買賣之性質，其利甚微。而近自推廣銷路及以廣告爲本位之說興，發行報紙未必有利，抑且有若干之損失也。發行旣求必有利，則欲求新聞社經濟之充裕，不得不求諸廣告之收入。廣告在新聞社中旣負此重大之責任，則廣告處之組織當益求其健全，而廣告處之人員當益求其有敏活之手段與忠實之奮鬬。

廣告處之組織，普通於主任之外，下設助理員若干人。助理員之事務，可分爲內勤與外勤二種：內勤者處理處理社內廣告之事務，如接應來社求登廣告之主顧，登記廣告之賬目，刊費之收入與計算，規畫每日廣告排列之次序，及何者應撤，何者應停，何者應換文，何者應更正之類。外勤者司理招徠廣告及對外接洽關於廣告之事務。內勤者貴有精細之腦筋與愼密之意識，而外勤者則貴有忠勤之奮鬬與敏活之手腕，內外各竭其能，則廣告之發達可立而待也。其人員之多寡與分配，視其事務繁簡之情形而定之。玆將其組織表示之如下：

廣告處——主任——助理員 內勤
　　　　　　　　——助理員 外勤

第二節　廣告之地位

新聞紙中之廣告地位，以有美國式編輯法與英國式編輯法之分，故各國初無一致。然以理論言之，則同頁紙面上之廣告，其在上部者爲優，下部者次之。上部之右者爲優，左者次之。此蓋就廣告版而言也。若廣告插入於新聞欄中者，則以與新聞記事之方面接觸多者爲優，少者次之。如下圖中之A廣告，四面與新聞記事相接觸，自爲最優之地位；B，C，D，等廣告，則與新聞記事相接觸者祇二面，當較A爲遜色，而E則祇一面與新聞記事相接觸，則更次之矣。總之廣告地位之優劣，在與讀者眼簾相接觸之難易以爲斷。與讀者之眼簾接觸易者爲優，反是爲劣，此殆定理也。

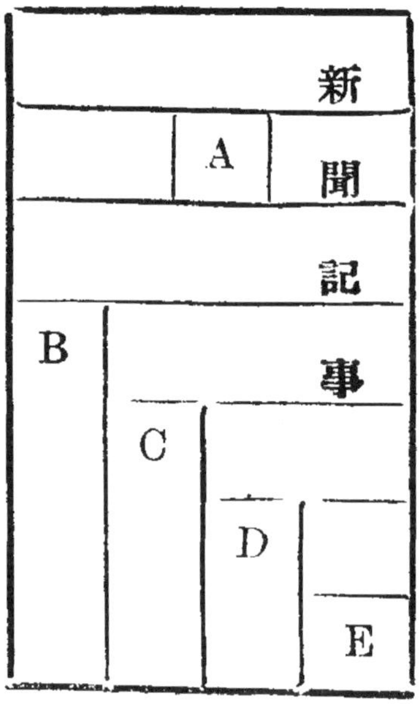

華北方面之新聞廣告，因其地位有優劣之分，乃附以種種之名稱。如論前廣告，封面廣告，中縫廣告，普通廣告，分類廣告之類。論前廣告者，在社論之前，最易引人之視線，故其地位爲最優。封面廣告，在新聞紙之第一頁，以其在新聞紙之表面，故其地位亦佳，而尤以接近報頭（卽某新聞紙之名稱）者更受人歡迎。中縫廣告在新聞紙摺叠之處（卽每二版相並間之隙地）而以新聞記事二版間之中縫爲佳。普通廣告指以上所述者以外之地位而言。分類廣告，則另闢一定之地位，專載人事，營業，徵求，尋訪等分門別類之小廣告矣。此華北各新聞社對於廣告地位之觀念，亦卽爲其規定刊費之標準也。至若上海各報，對於廣告之地位，則有分各種等級者，如新聞報所規定者分七等：（一）新聞欄中之廣告爲特等，（二）自封面以至評前爲頭等，（三）緊要分類於二等。（四）快活林下爲三等，（五）普通地位爲四等，（六）短行普通爲五等，（七）本埠附刊分類爲六等。此外尙有以廣告面積之大小而加以種種之名稱者，爲全頁廣告，半頁廣告，四分之一，八分之一之類。凡此皆僅言廣告之面積，非所以指廣告之地位也。

第三節　廣告費之規定

廣告費之規定，全以廣告地位之優劣爲標準。而其規定之法，則有以字數計者，有以方寸計者。以字數計者以行爲單位，卽每行每日刊費若干。今舉上海新聞報之廣告刊例如下：

特等　新聞欄中計二十六字爲一行五行起碼每日每行四角五分

頭等　報頭旁上封面一小版每日每版洋一百八十九元自下封面起至評前止計八十字爲一行二行起碼每日每行一元四角

二等　緊要分類六十字起碼如超過六十字依十五字遞加每日每字一分二厘

三等　快活林下與二等同

四等　普通地位計八十字爲一行三行起碼每日每行八角

五等　短行普通每位六十字起碼如超過六十字依十五字遞加每日每字一分

六等　本埠附刊分類計二十字高爲一行四行起碼每行每日一角六分

以方寸計者，以一英方寸爲單位，即每方寸每日刊費若干。北平之京報與天津之大公報庸報均用此法。

廣告刊費，有以刊登期報之長短而定其高下者。大抵臨時即短期廣告之刊費高，長期廣告之刊費廉。而長期廣告，又有三個月期，半年期，一年期之別。其刊費亦自不同。大抵三個月期者較貴，半年期者次之，一年期者又次之。各新聞社對於此種計算，大都列成表式，以備登廣告者之索閱。茲將北平京報所定之廣告刊例表，照錄於後，以資參考。

京報廣告價

按英方寸計

日期／價／等第／面積	每日 甲等	每日 乙等	每日 丙等	一月期（每月） 甲等	一月期（每月） 乙等	一月期（每月） 丙等	三月期（每月） 甲等	三月期（每月） 乙等	三月期（每月） 丙等
每一方寸	六角	四角	二角	八元	五元	二元	六元四角	四元	一元六角
八分之一（高十寸寬三十五共三十五英方寸）	十三元六角	九元	四元五角	一百八十二元	一百十四元	四十五元	一百四十五元	九十一元	三十六元
四分之一（高十寸寬七寸共七十英方寸）	二十五元	十六元	八元	三百三十六元	二百十元	八十四元	二百六十八元	一百六十八元	六十七元
二分之一（高十寸寬十四寸共一百四十英方寸）	四十六元	三十一元	十六元	六百十六元	三百八十五元	一百五十四元	四百九十三元	三百〇八元	一百二十四元
全頁（高廿寸寬十四寸共二百八十英方寸）	八十四元	五十六元	二十八元	一千一百廿元	七百元	二百八十元	八百九十六元	五百六十元	二百一十四元

目表

算

半年期			一年期		
每月			每月		
甲等	乙等	丙等	甲等	乙等	丙等
六元	三元七角五分	一元五角	五元六角	三元五角	一元四角
一百三十六元	八十五元	三十四元	一百二十七元	八十元	三十二元
二百五十二元	一百五十七元	六十三元	二百三十五元	一百四十七元	五十八元
四百六十二元	二百八十八元	一百十六元	四百二十二元	二百七十元	一百〇八元
八百四十元	五百二十五元	二百十元	七百八十四元	四百九十元	一百九十六元

設明：

(一)本報正張各版縱二十英寸，橫十四英寸。

(二)甲等廣告登於社論之前，及新聞欄內。

(三)乙等廣告登於封面及第一張之第四版並內外夾縫。

(四)丙等廣告登於甲乙二等以外之各版。

(五)分類廣告登於緊接普通新聞欄之後。每條五十二個五號字。每日收大洋二角。

(六)甲乙丙三等廣告，每英方寸均佔五號字四十九個。

(七)廣告費一時先交半年者，照定價九五折核收，先交一年者照定價九折核收。

(八)凡廣告有關個人名譽及其他有法律上之責任者，須有切實舖保，方爲刊登。

長期廣告有每天刊登者，有間日刊登者，有每三天刊登一次者，有每星期刊登一次者，有一月共登若干次者，此則全視刊登廣告者之意志如何矣。此種登法之廣告，既須按照其所指定之日期，爲之刊登。而計算刊費亦較繁瑣。新聞社對之乃有一簡便之法，即與登廣告者所定每方寸之刊費若干。於月終計算

其刊登之次數及其所佔之地位面積之總結。此種辦法，

廣告處即可備一種清單，將月中所登廣告之次數及其所佔之面積，一一填記。交付刊登廣告者而憑以收費。清單之式如下：

…………台鑒　京報館廣告月報　份月　年　月　號

日別	一日	二日	三日	四日	五日	六日	七日	八日	九日	十日	十一日	十二日	十三日	十四日	十五日	十六日
標題																
面積																
刊費																

歐美各國對於廣告之刊費，尚有以廣告之性質而定其高下者。大抵以關於個人之利益及奢侈品之廣告者貴，關於社會公益及人羣智識者次之。蓋以理論

日別	標題	面積	刊費
十七日			
十八日			
十九日			
二十日			
廿一日			
廿二日			
廿三日			
廿四日			
廿五日			
廿六日			
廿七日			
廿八日			
廿九日			
卅日			
卅一日			
總計	面積　方寸　刊費實洋　元　角　分		

言之，新聞紙之刊登廣告，非新聞紙之主要目的，乃爲新聞社維持其生命之一種手段。而讀者所以購讀新聞紙之目的在於求足其智識與日常生活之欲望。故新聞紙之刊登廣告，新聞社與讀者，常持有相反之觀念。今新聞社旣爲維持其生命計而刊登廣告，則對於廣告之含有增進人羣利益及社會公益者，廉取其值，方不背新聞紙之主旨。如新刊之圖書，新發明及新輸入品，官衙學校及慈善團體之佈告，銀行公司等之成績報告，交通機關——火車輪船等——之時間改正，法律病院劇場等之廣告，俱有爲社會人羣謀利益與便利之性質，新聞社爲不背新聞紙之主旨，同時並得以達到其維持生命之目的，自當減收其刊費，以求此類廣告之發達而爲益人羣。若奢侈品與消耗品，旣非社會之所需，則雖增高其廣告之刊費亦不爲過也。

第四節　廣告之責任與信用

廣告之目的，在於宣傳，此刊登廣告者惟一之願望也。新聞紙之刊登廣告雖爲營利，然苟於其責任與信用，謾不加意，則非但爲害社會，且於新聞社自身引起種種之糾紛。例如現在各新聞紙所在刊登之種種藥品，在刊登此類廣告者之目的，固在籍新聞紙宣傳之力，以推廣其貨物之銷路，但苟其藥品之性質與效用而不能悉如其廣告文中所言者相符合，則小之足使讀者失其對於廣告之信用，大之或且爲害人羣。故歐美各新聞社對於此類之廣告，已有要求登廣告者提出官廳或專門學者證明書之傾向。又攻擊個人或團體之廣告，一經刊佈，則有關對方之名譽財產者匪淺。新聞社對於此類廣告，雖不能或不必調查其眞相，然爲愼重及卸却責任起見，須要求登廣告者提供切實之舖保，以免引起糾

紛●

第四編　印刷部

第一章　印刷部之設備

第一節　製作新聞版之材料

印刷部爲製作新聞紙面之工作機關，故其設備，宜極完善。以大體言之，可分爲二部分：(一)製作新聞版之材料，(二)印刷機器。今先言製作新聞之材料。製作新聞版之材料，種類繁多，今就其主要者而言，則可分爲二種：(1)字模及製造各種鉛線花邊等之器具，(2)鉛字。字模爲鼓鑄鉛字之銅質模型，俗稱銅模。依字體之大小而有特號一號以至六號之別。五六年前各新聞紙所用之鉛字，大都二號三號四號五號之四種。以二號鉛字爲大標題，三四號爲小標題，新聞記事則都用五號鉛字，其較爲重要者則用四號或三號。故銅模亦祇須置備二三四五之四種而已足用。近數年來各新聞社之編輯法，有長足之進步，對於重要新聞，則用特號鉛字爲大標題，以驚醒讀者之知覺。次要者則用一號爲標題，而昔日所用作大標題之二號鉛字，反用作普通之標題。其沉長之通電及宣言原文則用六號字。故製備銅模，須自特號以至六號之六種，完全具備，方能應付裕如。此項銅模在昔我國印刷業尚未發達之時，俱購自日本，以東京製造者爲上，大阪製者次之。今則上海之商務印書館，中華書局及各都市專營印刷器具之銅鐵工廠，均能製之。然字體之齊整，質地之堅實耐用，當以上海之出品爲佳。銅模之配置，各號自成一份，每份之數，自六千以至九千不等。

其價則普通常以枚數計。但新聞社所應用者，每份有七千字者亦已足用。此等文之字模也。此外尚須購置西文字模，以備遇有西文之用。至製造各種鉛線花邊等及零星之器具，則種類繁多，難以枚舉。業印刷者，自能指名購備，今姑從略。惟須注意者，則各種器具，務求齊備，不可簡略。蓋置備之時，雖覺費鉅，然日常應用之物，苟無此種製造器具之設備而時須臨時添購，則歷時旣久，反覺其不經濟。例如製造鉛線花線之鏤刀鏤床，爲印刷器具中一種不經人注意之物。且以其物之微小而所費反鉅，(每份約百元左右)每都略而不備。詎知印刷工廠中之消耗最大者，雖不只一端，而鉛線花線實爲消耗最大之一。苟無此種鏤刀鏤床之設備，勢須購置坊間製成之鉛線花線以資應用。今姑假定每打鉛線之價爲六角，若日消耗半打，則月須消耗十五打，卽月須消耗九元。不半年而鏤刀鏤床之價消耗於不知不覺之間矣。故購置齊備之器具，實爲經濟上最得策者也。

鉛字爲製作新聞版之主要材料，以鉛爲原料，用字模爲型所鼓鑄者。以現在而言，各新聞社之新聞記事，以五號字爲主體，自特號以至四號備爲標題之用，六號則僅用於冗長之通電與宣言等原文而已。故鼓鑄鉛字之時，當以此爲標準，而定各號字數之多少。大抵備爲標題用之特號以至四號之鉛字及通電等原文用之六號鉛字，每號各鑄一份，已足應用。其用爲新聞記事之五號字，則視新聞紙版面之多少而定。今假定二大張之新聞紙，其新聞記事及文藝等之版面共爲六版，則鼓鑄二份五號鉛字，亦已敷用。此所謂一份者，非若銅模之指每字一枚而言，乃指以一份銅模之字用若干斤(或磅)鉛，以鼓鑄鉛字之總數而言。蓋字有常用罕用之分，一字之應鑄若干鉛字，即以此爲標準而定。常用之字，有一字而應鑄鉛字至數百枚者，罕用之字則僅鑄數枚而已。如「之」字，爲最常用之字，每日見之於新聞紙上者，何止數百，則「之」之一字，應預爲多鑄也。又如「鑫」字爲罕用之字，應用之字極少。卽用之亦不必於同日新聞紙上迭用數字。故「鑫」字宜少鑄也。明乎此，我人乃於鑄字問題，得有可以注意之二：（一）備作大標題之特號一號二號之三種鉛字，其每字應鑄之枚數，不必如五號之多。且於罕用之字，可以暫缺不鑄，俟應用時儘有臨時鼓鑄時之間。（二）三號四號之二種鉛字，則以於備作小標題外，有時亦有用作新聞記事者，其每字應鑄之枚數雖不可過少，然亦求其足用而止。

第二節　印刷機器

印刷機器，大抵可分爲二種：（1）平版印機，（2）輪轉印機。在昔印刷事業未曾發達之時，各新聞社大都採用平版印機，以印刷新聞紙。平版印機之大小，有八頁、十六頁，三十二頁之別。而普通常用者，則爲十六頁之印機。以其大小正與新聞紙一枚(即二頁)之大小相合也。運轉平版印機之原動力，有用電力者，有用人力者。勞資低廉及無電氣之設備者，固都利用人力。然究不若用電力之便利而得有均等之原力。即以工率而言，人力實遠不如電力也。平版印機之工率，視用何種原動力，而有不同。然通常則每小時以印成一千乃一千五百枚新聞紙之一面爲度。若以此工率與輪轉印機之工率相比較，則不啻有天壤之別。蓋最近所發明之四十八頁之輪轉印機，每小時能印成新聞紙數萬份以至數十萬份者，比比皆是。同時且附有裁紙，摺叠，包裹等種種裝置，其便利迅速可謂至極。非然者，則日出數萬或數十萬份新聞紙之新聞社，苟無此種輪轉印機，實無以供給讀者之需要也。

第三節　工場之管理

新聞社印刷部之工場管理，比之其他工場有不同之點，因其常處於時機急迫之地位也。蓋新聞事業，以時間爲最寶貴。新聞之有時間性無論矣。卽凡百有關新聞之工作，莫不帶有時間性。自採訪，編輯校對印刷，以及送報，苟一部分不以時間二字常縈腦間，而爲勤奮敏捷之工作，卽足以牽動全局，破壞新聞社之基礎而有餘。況印刷部爲製作新聞紙面之機關，苟一懈怠，則其最小限度之不利，爲遺誤發報之時間。故印刷工場管理之應注意者，不僅關於事務的，更當關於精神的。而欲達到此種目的，則須使工友有（1）明晰之腦筋，（2）奮鬬之精神，（3）時間之觀念，（4）純熟之技術。此外則各部分間宜有充分之聯絡，如編輯部發稿之如何得以簡捷，校對之如何得以便利，各號鉛字架之如何佈置，排字組與印字組之如何連屬，凡此諸端，皆於工場上有絕大之關係，應於規劃時，爲切實之考慮也。

第四節　印刷材料之消耗

印刷材料之消耗，以鉛字，鉛邊鉛線及製版等爲大宗。蓋每一新鑄之鉛字，經日常之使用，致其字面日漸磨損平滑而不能印刷清晰，大抵半年乃至一年之間，須換鑄一次。以舊鉛字換鑄新鉛字，其間之消耗，大約爲百分之五，即每鉛一百斤，約損失五斤也，鉛邊鉛線之損失，則因日常工作時之截長補短，以至不能復用，又製版之時，須溶鉛以澆版，次日則將舊版溶化而復澆新版，此種日常循環之溶化與澆版，其損失，大抵爲百分之一。此外則鉛字之墜落於地者，日積月累，其損失亦不貲。關於此點，苟管理工廠者，加以縝密之監察，當能減少也。

第五節　印刷技能與紙面之形式

新聞之取材，爲編輯部之責，而排列之得宜與否，則全恃印刷部工作人員技術之巧拙。蓋編輯部對於新聞之性質，何者應用大標題，何者應排列在前，固視新聞重要性之程度，而可列爲次第。然或以行數之關係，或以地位之關係，於實際工作上，往往發生困難。例如同時有三種甲乙丙重要新聞，編輯部固可分別其重要之程度而列爲甲乙丙之次第。然紙面上重要地位之次序，依人類生理的原則，我人視覺之習慣，大抵以右邊之第一段爲最重要，次爲第二段及至第三段之中央部分，——再次則爲第四段以下之左邊。倘以行數之關係，不能使新聞重要之次序與紙面上地位之重要相適合，則足減少新聞之重要性而使全部新聞紙遜色。凡遇此種問題發生之時，或用迴欄法，或小標題之次要新聞插入其間，使紙面上，地位重要之程序，與新聞重要性之次序相合。否則同一紙面之同一地位上同時排列同一大標題之三新聞，則非但使讀者將等觀視之而不以爲重要，且使新聞紙面太覺單調。爲呆滯之排列，而不能引起讀者之興趣。此際而若用迴欄之法，則固賴印刷部之工作人員有巧拙之技術。若插入小標題之次要新聞。則須與編輯部有相當之聯絡。故各國新聞社之編輯部每於全部編輯完竣之後，立即派人至印刷部爲排列上種種之接洽也。

又如左右兩頁，同爲緊要新聞之地位，若於右頁上加意排列，颇足引起讀者之注意。乃如轉入左頁以後，遽爾懈忽，頓呈勢窮力竭之象，則左右排列均衡之勢已破，難以引讀者之目於左頁之上矣。編輯者與印刷者於此，雖明知左頁上之新聞，不若右頁上者之重要，然于新聞之原則及技術上言之，仍當於左頁之排列法，加以注意，勿使左右頁失其均衡之勢斯得之矣。他如鉛邊鉛線之使用，勿使前後所用者，有同一之形式與花紋，則亦足使新聞紙面，增加其精彩也。

第二章　印刷部之組織

第一節　分組

印刷部之組織，由下列之四部份而完成：(1)排字組，(2)製版組，(3)印刷組，(4)鑄字組。排字組爲由新聞原稿變爲新聞紙面之機關，印刷組爲由新聞紙面印爲新聞紙之機關，鑄字組則專司鼓鑄各種鉛字及花邊鉛線等之工作，製版組則從事於將新聞版打成紙版，而澆爲鉛版之工作。四者之中，前三者爲任何印刷部所必要者，製版組則規模較小之新聞社或可省略也。至印刷部人員之分配，大抵設部長一人，處理全部之事。下列各組設組長一人，受部長之指揮，各理其組內之工作。苟新聞社而有出版處之組織者，則印刷部中尙須設立書版組，專一排印各種書報。故印刷部之組織，略如左表：

印刷部
- 排字組
- 製版組
- 印刷組
- 鑄字組
- 書版組

第二節　排字組

排字組乃將新聞原稿直接作成新聞紙面之機關，已如上述，故其工作至爲重要。其工作之分配，則視新聞紙面之多寡而定。例如二大張之新聞紙，共爲八頁(或稱爲八版)，其中除去專登廣告者二頁，則所餘之六頁爲新聞紙面（或稱爲新聞版）。印刷部乃可以此爲標準而分配工作。其分配之法，則又視編輯部之組織如何而定。然以我國新聞紙編輯之制度而言，大抵爲各版割據制度。例如於六頁之新聞版中，以二三兩頁專登國外緊要新聞，第五頁登載地方新聞，第六頁登載社會新聞，第七頁登載教育或經濟新聞，第八頁登載文藝作品。此種割據式之新聞紙面之分配，於編輯時新聞之分配上雖有若干之聯絡，而於編輯之工作上，則各自爲謀而不相聯屬。故排字組，乃可因而分爲六股，即二三頁(或稱爲二三版，以下仿此)爲一股，第五版爲一股，第六版爲一股，第七版爲一股，第八版爲一股。廣告版爲一股。每股各有一領袖，受組長之指揮及率領工友而從事於範圍以內之工作。

排字工友之工率，以其技術之熟練與否而略有不同。大抵每日八小時之工作，每一工友之工率爲六千字，卽排字三千還字三千。故每版工作之人數，卽依此標準而定。例如一版新聞紙面之字數爲一萬字，則以每人排字三千枚計算，可用排字工友三人。二大張新聞紙之有六版新聞紙面者，共用工友十八人已足用。此外則尙須設置工徒若干人，以爲輔助及整理材料物件之用。

第三節　製版組

新聞紙面之排版工作旣竣，繼之者，爲製版工作。此種工作，分爲二種，(1)打紙版，(2)澆鉛版。打紙版者用特製之紙平鋪於排成之新聞版上，用大毛刷頻擊紙面，以至此特製之紙版隨排成版上之字跡而凹凸淸晰爲止。其上再糊紙數層，乃壓用力機壓實之，同時架於大灶之上使之乾燥而紙版成矣。紙版既成，則卽以此爲模型而以溶化之鉛澆於其上，使成鉛版。此鉛版卽以之架於印機之上而印成新聞紙者也。若無製版組之設備者，則卽以排字組所排成之鉛字版。置諸印機之上而印刷矣。故製版與字版相比較，雖字版可省製版之設備及製版之時間。然用製版者，一則鉛字不經印機之磨壓，故不受損傷，而其壽命較長，不必時常換鑄新字。二則直接用鉛字以印刷者，印機轉動之時，若不善於駕駛或上版者之技術欠精，則鉛字時有躍出版面之弊，而修正費時。若用製版則以其爲整個之鉛版，絕無此弊。況用鉛字版直接上諸印機而印刷者，大抵祗能用之於平版印機，不適用於輪轉印機也。

第四節　印機組

製版既成，乃卽以之架於機器之上而從事印刷。若用平版印機者，則上版之人卽爲印刷時添紙之人。此外則用搖工數人，輪流搖轉機器。此指以人力爲原動力而言。若用電力爲原動力，則祇須撥動電機而印機自轉動，不必用搖工矣。輪轉印機所用之工友，雖較用平版印機者爲繁重，然以出報之數計之，反覺經濟。此種印刷組之工友均須略知修理機器之術，否則印機稍有損壞，卽無可措手矣。

第五節　鑄字組

鑄字組以鼓鑄鉛字爲其主要之工作，而鉛條，鉛線之澆製，亦爲其工作之一。此項工作之最宜注意者(1)爲鉛字表面須平整而無殘缺(2)各號鉛字之大小雖不一，然高低均須一律，而一號中之鉛字須有同一之大小。(3、鉛條鉛線之厚薄，雖有對開（卽其厚度爲半個五號字之謂），四分（卽其厚度爲五號鉛字四分之一之謂）三分之別，然同一號內之物，須有同一之厚度。其鉛字之不備有字模者，則鑄鉛字之胚，交由刻字者刻之。此類刻字之工友，須善長各種字體，不用書寫，而能於鉛胚之上隨手刻成，且與用字模鑄出者毫厘不爽者爲上，蓋亦一專門之技術也。鑄字之工率，平均以每日鑄成一萬枚鉛字爲度。而挫字上架之工作，則由工徒處理之。

第六節　書版組

新聞社而設有書版處者，則印刷部可設一書版組，專一排印各種書報。雖與排字組同屬於一部中，然其管理之法應稍異。其最善者爲（1）確定之工作時間，（2）有一定工作之成績，且須排例齊整而美觀。不若排新聞版者之迫於時間之限定，祇求敏捷工作，趕早出報，於形式上亦但求均衡齊整，無重大過失而已也。

图书在版编目（CIP）数据

新闻事业经营法 / 吴定九著. —北京：中国传媒大学出版社，2018.3
（中国近代新闻学名著系列丛书 / 芮必峰主编）
ISBN 978-7-5657-2297-4

Ⅰ. ①新…　Ⅱ. ①吴…　Ⅲ. ①新闻组织机构—经营管理　Ⅳ. ① G211

中国版本图书馆 CIP 数据核字（2018）第 056441 号

中国近代新闻学名著系列丛书
芮必峰　主编
新闻事业经营法
XINWEN SHIYE JINGYINGFA

著　　者　吴定九
策划编辑　司马兰　姜颖昳
责任编辑　姜颖昳
封面设计　拓美设计
责任印制　阳金洲

出版发行　中国传媒大学出版社
社　　址　北京市朝阳区定福庄东街 1 号　　邮编：100024
电　　话　86-10-65450532 或 65450528　　传真：010-65779405
网　　址　http://www.cucp.com.cn
经　　销　全国新华书店

印　　刷　北京华联印刷有限公司
开　　本　787mm × 1092mm　1/16
印　　张　9.25
字　　数　75 千字
版　　次　2018 年 6 月第 1 版　2018 年 6 月第 1 次印刷

书　　号　ISBN 978-7-5657-2297-4/G · 2297　定　价　48.00 元